JN061490

「男の余裕」のつくり方

潮凪洋介
Yosuke Shionagi

あさ出版

プロローグ

なぜ、あのオヤジは微笑みたたずむだけで女性が腕を絡ませたくなるのか？

◎女性の心を〝あっという間〟に開かせる男

「私、Kさんだったらありかも〜」

Kさんは、日焼けと笑顔の似合う、ラテンオーラ全開の70代の日本人紳士。

「どんなふうに生きたら、こんな空気感とオーラをかもし出せるのだろう？」

——出会う人の多くにそんな問いを抱かせる。

稲村ヶ崎の山の中腹の、ビンテージハウスに住み、アンティークショップを営んだり、バーを経営したり、古着を仕入れて販売したりしている。

すっと女性との間合いを詰め、ハグをする。女性は、キャッキャキャッキャと楽しそうに笑う。

「それってセクハラじゃ？」

だが、2回目以降「あれ、今日はハグないの？」と、女性のほうからおねだりされてしまう。

年齢の差は40歳。出会って間もない女性から、タメ語で話しかけられる。

断っておくが、「タメ語」は舐められているからではない。

女性側の心が開き、「あなたを受け入れてますよ」ということのあらわれ。「あなたと私は、同じ目線の感覚ですよ」ということなのだ。

いつまでも女性から敬語で話されるのは、尊敬されているからではなく、壁がある証拠――。

Kさんは会ってすぐに、ハグで女性の心の壁を壊す。

「そりゃ、やっていい子と、やっちゃいけない子は見極めてるよ（笑）」

Kさんは苦笑いする。

◎目の肥えた女性たちが、オスとしての心地よさを感じ群がる

Kさんが戯れる女性はすべて「難攻不落物件」である。

東京港区界隈で第一線を張る、難攻不落系の20代～30代の女性たち。

中高生時代に、勉強も遊びも恋もファッションもメイクもたしなんだ、全方位型に人生を楽しんできた女性たち。

容姿端麗なだけではなく、上場企業や急成長ベンチャーに勤め、自分で仕事をつくれるビジネス自立型の女性たち。


男の財布に頼らない、間違っても「タクシー代ください」なんて言わない女性たち。

そりゃ、くれるもんはもらうけど「ください」なんて絶対言わない。

そんな彼女たちの本音が——。

「本当は自信がない男に限って、自慢をするよね。かわいそうだから聞いてあげるけど……冷める」


彼女たちは自慢話が大嫌い。

中でも、一番嫌いなのが学歴・収入しか特技がない男。

男たちの寒い自慢話は、街遊びや普段の交流の中で、死ぬほど聞いてきた。

表面上は笑顔でも心の中では、鼻で笑い、見透している。

行く先、行く先でつねに「いい男」から口説かれるが、一人に縛られるのは嫌。

みんなと友達以上恋人未満の関係を楽しみながら、たまに本命の彼氏として1～2年付き合う。

しかし、他の男たちとの交流を許してくれる男だけ。

目の肥えた女性たちが、オスとしての心地よさを感じ、群がる――それがKさん。

食事会で、ヨットの上で、その日に「はじめまして」の20代女性が、ハグアンドフレンチキスされて、はしゃぎ、いっしょに悪ふざけする。

移動時には助手席に乗っていいですか？　と女性が自ら同乗を申し出る。そして、腕に手を絡ませる――。

もちろん、金目当ての色仕掛けなどではない。純粋に、1秒1秒の艶戯《ツヤプレイ》を楽しんでいる。

◎男《オス》としての周波《バイブス》の違い

20代、30代、40代の男たちはカタなしだ。

どんなに真似をしようと、Kさんに至らない。

生命体としての、男《オス》としての周波《バイブス》が違う。

努力をしても追いつけないのか？　いや、努力ではないのかもしれない……男たちは迷宮に迷いこむ。


Kさんは40歳年下の美女の会話に、柔らかい形状記憶ソファーのように〝フィット〟する。お気に入りのスキニーデニムのように女性の肌の一部になる。

女性たちのはしゃぎぶりも、話のかみあいぶりも毎回安定。

30代〜50代になると、イマドキ美女に浮き足立ち、ぎこちなくなるオヤジ、コヤジが多い。話し方がわからないから、上司と部下のような表層会話になったり、キャバクラトークになってしまう人も。あるいは媚《こ》びたり、上からいく人もいる。

そんな中、Kさんは臆することがない。かといって高圧的になることもない。

◎女性を腰砕けにする「余裕」とは?

Kさんの若い頃の写真を見た。
先輩のヨットクルーとして、船上で女の子と楽しく遊んでいた。
おそらく人生において、イケてないときはないのだろう。
しかし、同等の社会的スペックを持つ人はいくらでもいる。
なぜ、こんなにも、Kさんだけが女性から求められるのか——。

ここで一つのキーワードが浮かび上がってくる。

男の余裕——。
ここに答えのヒントがあるような気がした。
余裕と聞くと、お金、時間があって、物腰に落ちつきがあり、聞き上手で、口数が少ない――そんな男性像が、思い浮かぶかもしれない。
でも、そんなオヤジは、そこらじゅうにいる。

もしかしたら心のあり方、感情の変化の仕方、心のエネルギーの蓄え方、放射のし方の違いが真の「余裕」なのではないか――。

試してみるが、うまくいかない。

それはまるで吹いても音が出ない、難しい管楽器に四苦八苦するようである。


ともあれ、この「余裕」はどこから来るのか？

Kさんの家にお呼ばれした日のこと。

家の庭からハーブをわざわざ取ってきて、モヒートをつくってくれた。この五体をつかったホスピタリティなのか？

掘り下げることで、次のような問いが浮かんできた。


心の底からその場を楽しんでいる。

上でも下でもない、一匹のホモ・サピエンスとしてその場を昇華できている。
ファッションにぬかりがない。
自分を楽しみ、相手との時間を楽しむ。
すべてを愛することができている。

——女性を腰砕けにする余裕は少なくとも、これらのキーワードの向こう側にあるような気がする。

目次

プロローグ

なぜ、あのオヤジは微笑みたたずむだけで女性が腕を絡ませたくなるのか？

1章 「余裕のある男《オス》」の共通点とは？

2章

女性にとって付き合いやすい男《オス》とは？

3章 求められる男《オス》はここが違う！

4章 関係はじっくり深める

5章 女性との適度な距離感とは?

6章 切り捨てることを知る

エピローグ
「大人の余裕男」は105度で接する

※本書は実在の人物を観察・研究してまとめた
恋愛エンターテインメント作品です

1章

「余裕のある男《オス》」の共通点とは？

「俺、バカだからさぁ」と
自分を笑い飛ばす

「俺、バカだからさぁ」

笑いながら言えるだろうか?
卑屈にも、深刻にもならない。まるで他人事のように自分を笑いとばす。これができるだけで、**男としての懐が広がり、それが余裕に変わる。**

男は40代以上というだけで、周りに威圧感を与える。若者からすれば、尊敬しなきゃいけないのか? 丁寧に扱わないといけないのか? 機嫌を損ねてはいけないのか? と思わせる、厄介な存在なのだ。

ここで「俺、バカだからさぁ〜」と笑い飛ばす。その瞬間、壁は消えてなくなる。

自分にバカのソースをぶっかける。

大人の威厳は、「バカのソース」をぶっかけた瞬間に余裕に変わる。

あなたはいじられオッケーだろうか? それともお断りだろうか?


いつもインテリぶって、できキャラしか見せない人。

プライドが高くて、自分を笑い飛ばすことができない人。

いじり厳禁な人。
二枚目扱いしないと無視してくる人。
よく見ると、世の中はそんなバリアを持った人たちが目につく。
本人は何とかプライドを保っているが、よくよくながめてみると少し苦しそうだ。
「あの人はいじりツッコミだめよ」「あの人二枚目路線だから」
こっそり耳打ちが聞こえてくる。
みんなが三枚目の路線の話をしているのに、一人だけ話題に上がらない。
少しだけいじると、「そういうウザい話はいいから」——。

実にもったいない！　一瞬で子どもっぽく見えてしまう。
男は、バカになれるチャンネルを持っていたほうがいい。
しかもそのチャンネルは、大人になるまでに〝絶対に〟身に付けたい教養だ。
もちろん絶対に言われたくない、いじられポイントはあるだろう。しかし、ちょっ
としたいじりポイントをさらけだし、一緒に笑い飛ばせたほうが絶対にいい。
ちょっとクスっと笑えるニックネームや、キャッチフレーズを呼ばれたことがない。

不自然な壁が存在する。

自分が特別扱いされていて、尊敬されているのだと思うなかれ。

おもしろくない、余裕がない、アソビがない——と思われ、腫《は》れ物扱いされている可能性も十分にあるからだ。

心当たりのある人は、次のことを心がけてみるといい。

自尊心が傷つかないレベルで、自分に似ていると思われる、三枚目著名人をあげてみる。少し痛めな人がいい。そして、そのネタを艶《ツヤ》タイムでカミングアウトする。

「ウケる～（笑）」

その場が少し湧いたら、採用！　鉄板ネタにすればいい。

愛すべき突っ込みどころを差し出し、イジられたら、さらにふくらまして返す。

これぞ**余裕男のコミュニケーションリテラシー**なのである。

「バカのソース」をぶっかけろ

最強の「かさぶた」を持つ

余裕男は、とにかくオープンだ。

自分をよく見せようと、強がったり、失敗を隠そうとしたりしない。しかも、過去の停滞・失敗、そして古傷を笑顔で見せ、語る——。


たとえば、会社が倒産寸前まで追い込まれ窮地に立たされた話。

何年も努力して、何とか黒字化し、今に至るような話。

幼い頃の苦労話。貧乏でどうしようもなかった。しかし、たった一つのことを一生懸命努力しているうちに、お客様がついてきて途切れないキャッシュフローが何本も生まれた話。

自分にまったく学歴がないということを堂々と話し、笑い飛ばす人もいる。


これぞ男の余裕だ。

人生の真剣勝負の現場で鍛えられた、鋼《はがね》の心と頭と体。

女性はそれを、本能で察知する。

しかし、真逆の「余裕のないオジ」はどうか？

聞いてもないのに自分の育ちの良さや学歴を会話にまぶし、失敗談など絶対しない。

自分をスマートにクレバーに見せようとする。


男の余裕は、大ピンチや谷底で鍛えられる。

厳しい筋トレのようなもので、それをやらないと軸が定まらない。

映画のヒーローはみんな大ピンチや、最弱の時期がある。

そこから這い上がるからこそ、余裕が生まれる。


さらに**男の余裕は「古傷」を見せて笑うことで、色気に変わる。**

もちろん、しみじみと落胆したり、鬱々、ダラダラとネガティブトークはしない。

過去のダメダメをさらっと笑顔で話し、自分を落とし、親近感、あるいは優越感を抱かせる。

「ピンチのときは参考にしてね」

くらいのライトな余韻で会話を終える。

さらっと切り替え、ろくでなしトークに戻る。

余裕のある男は、最強のかさぶたを持っている。
分厚くて、ちょっとやそっとでは剥がれない、最強のかさぶたを持っているのだ。

過去の古傷を笑って話す

人生の主役男という看板を持つ

あなたの過去に手痛い過去や、人に話したら心配されるような出来事はないだろうか。

それをさらりと持ち出し、乗り越えた方法をシンプルな言葉にしていくと良い。

過去の苦労をみな隠したがるが、それはもったいない。

不遇からの復活は勲章になる。それを乗り越えた話に共感する女性は、本気で生きている女性だ。

深い話など聞きたくない! 今が楽しめればいい! ストレス解消だけしたい! という女性もいるが、それはそれでいい。

そういう人たちばかりのときは、よりいっそう、過去の谷を明るく、楽しく話せばいい。

ある40代の男性は、生家が貧しく、1日にコンビニ弁当1食しか食べられなかった。

高校の学費も払ってもらえず、結局、高校卒業を待たずに工事現場で働くようになった。3回の転職を経て、31歳でインターネット通販の個人事業に着手する。

30歳ともなれば、友達はみんな会社でそこそこの活躍をし始める頃。

しかし彼は自宅にこもり、ネット通販の仕事をつづけた。

月収10万、20万と少しずつ稼げるようになり、33歳で年収が９００万円を超える。

その機会に、すでに別れていた高校時代の元恋人にプロポーズをし、３か月の後、結婚することになった。実は彼女も失恋直後でタイミングが良かった。


この話は、すこぶる女性のハートを鷲掴《わしづか》みにする。

もちろん、大企業で働く人は素晴らしい。

しくみに乗り、安定成功路線で仕事をすることは悪いことではない。

そもそも、高学歴の人の中から、さらに勝ち抜き大企業に就職できること自体が素晴らしい。

中小企業の2倍〜3倍以上もの、生涯年収だって得られるかもしれない。

大企業入社後は、すでにあるしくみが豊かな日々を与えてくれる。

ただ、先の這い上がり男性の場合、年収は、すべて〝自分の手柄〟だ。

人生の舞台づくりも、シナリオも、監督も主演も自分。

人生の主役男という看板がある。

エリート路線でなくても、男としての圧倒的な姿は見せられる。
彼の場合、むしろ古傷が魅力になっている。
そして大切なことは、それを笑って話すということ。
過去の古傷を笑い、復活劇を語る。
この〝さらけ出し〟が、男の余裕の物腰をつくりだすのである。

不遇突破劇を30秒で語れ

承認欲求トークは
してはいけない

承認欲求トークをするな――これは余裕を持つ男の鉄則である。

女性に認めてもらうために、自慢をしたり、肩書きや実績を過度にアピールする。母親にほめてもらいたい子どもが、手柄をのべつまくなしに語るのに似ている。

自分の自慢話ばかりする男は、余裕がなく、たいていモテない。

ただ、人生で大切にしていることを話す、そのときだけは少々自分語りをしてもいい。それは承認欲求トーク（自慢話）ではないからだ。

「誰かが笑顔になることが、とても幸せだ。みんな楽しくなることをしてあげたい」

「夏は100回来ない。だから夏を楽しみ尽くすことが、自分のポリシーなんだよ」

このような、自分の生き方のポリシーであれば、あまり長くならない前提で言葉にしてみていい。

さて、ここでお気づきだと思うが、愛のある切り口になっている。損得勘定のないそのピュアなポリシーに、女性は安心感と希望を抱くのである。

逆にこんなポリシーは言わないほうがいい。

「誰よりも成功して、誰よりも金持ちになってやる」

「バカとは付き合わない主義なんだ。時間がもったいないから」

これらには私利私欲や差別の視点が含まれている。

〝いい女〟は、そんなポリシーに、心を動かされない。

心の中で思う分にはかまわないが、メインポリシーとして言葉にしてはいけない。


もし、人生のポリシーを持っていないのであれば、つくってしまおう。

みんなが共通して、「それはいいね」と思えるようなフレーズを考えればいいのだ。

「知り合った人たちに、一つでも多くの笑いを提供したいんだ」

「関わる人がみんな少しでも、幸せになればいいなと思ってる」

そのようなポリシーを考え、それを思いながら、生活するように心がけたい。


嫉妬や怒りを胸に抱えたり、被害妄想を胸に抱き支配されている人に、大人の余裕は宿らない。

生きることには苦しみ、痛みが伴う。でも、それに負けずに愛を放射する男だけが、余裕のある男の勲章を得る。

自慢話をして優越感に浸り、モテる錯覚をしてる人は、内面の何かが歪み、何かを病んでいる。

自慢話の瞬間、すごくなくても、相手女性は「すごいですね！」と言う。

その瞬間、どんなに着飾っていても、肩書きがあっても、残念な風が吹く。ギャグで言ってるように思えても、相手にするのが、めんどくさくなる。

空回り痛オジにならないためにも、気をつけたい。

どうしても言わざるを得ないときは、なるべく短くさらっと実績を言う。

「すごいですね！」と言われてしまったら、「いえいえ。私の力ではなくみんなの力のおかげです」と言い切り、話題をさっさと変えてしまう。

それが余裕男のたしなみである。

自慢話が男の価値を下げる

自己重要感をはき違えるな

人は尊敬されたい生き物である。

自己重要感という言葉がある。人間が能動的に動き、成果をあげるためにはこの「自己重要感」が不可欠とされる。

人間社会の能動的な経済発展や文化発展は、「自己重要感」なしには成り立たない。

しかし、この「自己重要感」をはき違えた人は、残念な人生を歩む。

プライベートの遊び場で間違った自己重要感を抱くと、異性の相手どころか友達すらできなくなる。


職業や社会的地位を尊敬されなければイヤ！

すごいですねと言われてないとイヤ！

一目置かれていないとイヤ！


この想念に取り憑かれた人は、苦しい人生になる。

〝苦しい〟だけでなく、〝見苦しく〟もなる。


地位や影響力がある人こそ、逆張り演出をしたほうがいい。

「あの人、あんなにバカでおもしろいのに、〇〇会社の社長なんだってさ！」

「あの方、超おもしろいけれど、実は東大医学部出身で病院の院長なんだってよ！」

「あのオジ、あんなだけどさ、一流企業の部長なんだよ（笑）」


入り口が逆になるからこそ、諸手を挙げて尊敬される。

もちろん肩書きは自分から、これ見よがしには言わない。聞かれたら言う。漏れ聞こえるくらいがちょうどいい。

まずは屈託なくふざけ合い、いじらせ、突っ込ませ、一緒に自分を笑い飛ばす。肩書きや影響力の認知はその後の後。

そのほうが、実は心底から魅力を感じてもらえる。

つまりは**逆サイドからの印象付けのほうが、本当の意味で自己重要感が高まるのだ。**

勘違い自己重要感モンスターになるか？

爪を隠した粋なオヤジになるか？

〝承認欲求病の人〟は、自慢話、肩書き披露をしないと気がすまない。

禁断症状で、恥も厭わない麻痺状態である。

嘲笑される人生から脱し、余裕のある大人になりたいなら、この病《やまい》を命がけで治すしかない。

愉快さ9割 肩書き1割

「正しいか？　正しくないか？」

で会話をしない

素晴らしいスペックを持っているのに、モテない男がいる。

なぜモテないのか？

それは、「正しいか？　正しくないか？」で会話をしているからだ。

ビジネスにおいては、正しいか正しくないかは重要なポイントだ。

正しくない選択をしてしまえば、お金が稼げないし顧客にも迷惑をかけてしまう。

組織にも迷惑をかけてしまうだろう。

しかし、その延長線で、プライベートでも「正しい、正しくない」を繰り返し、物事を正確に分析して、相手に伝えることに終始していると、余裕とは縁遠い男となる。

この状態から抜け出す方法がある。

嬉しいことを言葉にできる。楽しいことを言葉にできる。笑えることを言葉にできる——この3つ。

「嬉しいか？　嬉しくないか？」「楽しいか？　楽しくないか？」「おもしろいか？　おもしろくないか？」——この軸で考え、話し、会話のキャッチボールをする。

それだけで、男の余裕は大きくふくらむ。

「最近チョコレートを食べるの1か月我慢したら、体重が2キロ減ったんだよ。嬉しいなぁ！」

「今、船舶免許取得の講習会に行ってるんだよ。操船の練習会が楽しくて楽しくて、すっごく興奮した」

「この前、酔っ払って終電に乗ったら、家と逆方向の30キロも離れたところで目が覚めたよ。バカだよね～（笑）」

たったこれだけのことである。

こんな簡単な会話ができないのだ。

感情をさらけ出すのが、恥ずかしいのか、プライドが許さないのか、理由はわからない。

しかし、これができないのは、対人関係力の欠如状態と言っても過言ではない。

共感しあえない人とは、話していてもおもしろくない。

すかしたクールなトーク。

一時的に、かっこいいと思われる年代もある。しかし、それは円熟していない少年がやることだ。

「やばい、ちょっと楽しいかも！」

「ここだけの話だけど……（笑）」

そんな語りかけができるだろうか？

もしできない人は、できるだけできるように心がけてみよう。

これまでの友達に、

「今さらキャラ変してんの？」

「陽キャになって気持ち悪ぃ」

と言われるのが怖い人なら、これから出会う人たちの前で表現すればいい。

「嬉しいこと」「楽しいこと」「笑えること」を言葉にする

なぜ余韻をまとうことが大切なのか？

男の魅力は、〝まとう余韻〟で決まる――。

楽しい遊びの記憶や、余韻をまといながら異性と会う。これだけで相手に与える印象はまったく違ってくる。

見つめ合った女性の残像が瞳に残っている状態で、次の異性に会う。

人と会うとき、場面場面で気持ちを切り替えることは大切だ。しかし、楽しい思い出や情愛的な余韻は、そのまま身にまとうことで魅力に変わる。休日の楽しい思い出は、できるだけつくったほうがいい。異性と素敵な場所で語らうことも、散歩のようにルーティン化したほうがいい。

心に刻まれた感情、脳内に噴出したドーパミン、交わした言葉たち。

恍惚感が表情に刻まれ、また次の恋を惹きつける。

自分のことを多く語らずとも、自慢話をせずとも、ムリして笑いを取ろうとしなくても、女性を惹き付けてしまうのである。

つまりは感情エネルギーを高める、そして幸せになるということだ。愛をたくさんあげたり愛をたくさんもらった人は、愛を放つ表情になる。

情愛に満ちたコミュニケーションのきめ細かな軌跡が刻まれた、恋愛常習犯の表情。目の前に素敵な女性がいることに慣れた、目と口の動き、表情。体の角度。見つめる視線。

最も女性から見て魅力的で、心地よい構えが自然体で染み付いている。

大人にとって社会的な役割を担い、成果を出し、対価をもらい、誰かに喜んでもらうことはとても重要だ。何も背負ってない人よりは、背負っている人、目標がある人、戦っている人のほうがエネルギーもモチベーションも高く魅力的だ。

しかし、ずっと難題と向き合うばかりでは、色気やフェロモンは枯れてしまう。仕事体験から立ち上るフェロモンやオーラも存在するが、それだけでは足りない。メインにスイーツを添えるように、遊びや恋の快楽が刻まれた表情をトッピングしたい。

1ミリ1ミリ筋肉繊維がつくられていくのと同じ。

腹筋を毎日100回ずつやれば、いずれ筋肉がシックスパック状態になる。人間の表情もおなじこと。恋愛仕様の表情も積み重ねでつくることができるのだ。

自分はイケメンでもないし、誇れる仕事もしてない。

そんなふうに諦める必要はない。一生懸命自分の仕事に邁進し、達成感を感じ、感謝され対価をもらい、そして休日は思いっきり楽しみ、素敵な女性と短い時間でもいいので、複数人と語り合い見つめ合う。

それにより、艶やかな表情を顔面に刻んでゆく。

日々の艶時間の積み重ねが男の余裕を作るのだ。

やってはいけないことがある。

それは、いちいち他の女性と会っていた……などと女性の前で言わないことだ。聞かれてもないのに口にするというのはマイナスでしかない。二人でいるときにこれを言った瞬間、「じゃぁ、私は何なのよ」と、相手はシラけてしまう。

相手目線になれば、何がよくて何が悪いかは一目瞭然のはずだ。これができなければ男の余裕をかもし出すことができない。

小さな艶時間を積み重ねる

第一声で相手の心は変わる

声はその人の人生の、コンディションそのものを表す。

ツヤとハリがあって、聞き取りやすい声の人の人生は充実している。

好きで得意な仕事につき、良い人間関係に囲まれ、プライベートも楽しい。

そんな生活をしている人は声の張りが良い。

もちろん、声帯の疾患や障害で声が出にくい人もいるだろう。

そのようなケースを除き、これらはほぼ当てはまる。


60代になっても、20代~30代の美女とデートが途切れないJさん。

Jさんは人を家に招いたとき、玄関先でなるべく大きな声で出迎える。

「友人はせっかく時間を使って、出向いてくれている。だから心の底から歓迎する。最初の一秒が大事。僕はこの最初の一瞬に賭けてるね」

Jさんはホームパーティーの日の終わりに、ベッドで「今日の第一声はちゃんと聞こえただろうか? 小さくなかっただろうか? 聞こえやすい艶のある声だったたろうか?」と振り返る。

若い頃は「おお! 久しぶり」とか「おはよう! 待った?」などと、張り気味に声をかけていた人も多い。しかし大人になるにつれて、落ち着いた声で静かに第一声を発することが増える。

Ｊさんはその真逆を行く。

「僕もかつて、落ち着いた声で挨拶をしていたよ。でもやっぱりね。さぁこれから楽しい時間が始まるぞというときに、元気をプレゼントしてあげたいんだよね」

Ｊさんは、静かな店で待ち合わせするときには、大声は出さない。

自宅でのホームパーティーなど、声を出しても大丈夫な場所に限る。

さらには相手が落ち込んでいるときには、あえてトーンを下げる。元気な声で話しかけられても、相手は辛いはずだから。

人は誰かと話すとき、相手は自分を１００％受け入れてくれているのだろうか？と一抹の不安を抱く。

その不安を一秒で一掃する。

笑顔と大きな声で「いらっしゃい！」と言われれば、心の底から歓迎されていると思うだろう。

落ち着いた大人の雰囲気も悪くない。

だが、すがすがしく元気に相手を受け入れる歓待モードも、ときにつかいこなしたい。

ツヤとハリのある声を出す

期待を裏切らない
〝老舗名店〟になる

一流の名店は、いつ行っても期待を裏切らない。料理の味だけではなく店員の所作、気遣い、会話の投げ方までが心を揺さぶる。何度足を運んでも、舌も心も満たされ、また行ってみたいという気持ちになる。数時間、余韻が脳裏から離れない。

それが一流の料理店の魅力だ。

これは男の魅力にも当てはまる。

ＬＩＮＥが来ただけで、女性の心に電流が走り、胸躍る思い出や、何時間でも一緒にいたいという感覚がフラッシュバックする。

話したい！　会いたい！　ハグしたい！　そんな衝動が止まらなくなる。

何度でもリピートしたくなる、一流の名店と同じ感覚である。

自分から集客を掛けなくても、いつでも予約でいっぱい。

集客に奔走することなく、味のクオリティや、来たお客様を１２０％満足させることだけに注力できる。

さて、この一流店だが、実は最初から行列ができる名店だったとは限らない。

料理長やシェフにも修業時代があり、最初はみんな素人だったのだ。

試行錯誤を繰り返し、お客様が満足する状態をつくり上げ、今日に至る。

何万時間もかけて磨き上げられた調理技術と味付け、接客の方法、室内の温度・照明まで、そのすべてが、毎日、同じクオリティで再現されている。

質の誤差なく何度でも再現できる。だからこそ、お客が絶えない。

これぞブランドである。

もちろん、さらにクオリティを上げるための、時間投資の余裕も持ち合わせている。

顧客満足プログラムは、絶えず時代に合わせてバリューアップされていく。


大人のいい女から、1対1で食事の誘いがある。

デートの誘いがある。

「ドライブに連れてって」と、リクエストがある。

スタンディングバーで出会った女性に連絡すれば、すぐに会える。

3年前に友達以上恋人未満になった女性と、いつでも再会できる。

パパ活等のように金品でつながった関係ではないこと。
そんなニーズだらけのオヤジを目指すため、予約のとれない名店をお手本にする。
外観から発せられる感動物語の予感、物腰を身に付けたい。
そのためには、どうしたらいいか？
自分が最もモテた状態の所作や言葉や声の出し方、話題運び。
そのすべてを、再現性のある状態に持ってゆく。
ノウハウの集積、再現性が感動と永遠のリピートを生み出す。
名店ブランドはストック型でつくられてゆく。
男の余裕もまた然りである。

ノウハウの集積、再現性がリピートを生む。

2章

女性にとって付き合いやすい男《オス》とは?

「この人、バカなのかな……」と
思わせれば勝ち

さっと声かけ、さっと仲良くなり、スッと引き寄せて戯れる——男女でにぎわう六本木のスタンディングバー。

Tさん（56歳）は毎週金曜日になるとバーに行き、仲良くなった女性たちと会話を楽しみ、2軒目は一緒にクラブに踊りにゆく。

プロローグで紹介したKさんと同様、難攻不落系の20代〜30代前半女性と瞬時に打ち解ける。女性たちは敬語を脱ぎ棄て、Tさんをいじりまくって遊ぶ。

「ウケる。バカじゃないの？（笑）」

「え。何のお仕事してるの？　てか仕事してるの？（笑）」

彼女たちも、金品を期待するような女性たちではない。

Tさんは、スタンディングバーの中を歩く女性にすっと近寄り、完全に脱力した状態で、言葉を投げかける。

駅の構内や街角で見かける、御用聞きナンパや、金魚のフンナンパではない。

反応は相手に任せ、あってもなくてもよい。女性の反応がなくても、その態度は変わらない。自分がスルーされるのも、会話が盛り上がるのも、単なる街の景色……それくらいにしか思ってない。

Tさんは仲良くなった女性を、海に連れ出す。連れ出された女性たちは水着になって映え写真を撮りまくる。ヨットから浮き輪に飛び込み、はしゃぎまくる。レゲエで体を揺らす彼女たちを見て、Tさんは目を細める。気がつくと一緒に踊り、映画のようなシーンを繰り広げる。

Tさんは、ムリ目な女性たちから「壊れかけのおもちゃ（Broken Toy）」と呼ばれている。廃棄寸前にして、プレミア付きのヴィンテージ品。お値打ちモノのオジなのだ。

何の仕事をしてるか？　どこの会社で働いているか？　リッチなのか？

――そんな、トークは一切ない。

恥ずかし気もなくゲスゲス、ダメダメの下ネタを言い放つ。

発する言葉のレベルは、中一か中二のエロ男子レベルまで降下する。
しかし、なぜかBroken Toyのエロネタは清潔感にあふれている。
女子は嫌悪感一つ見せず、話題に乗っかってくる。
「原因と結果」がつながらない！
なぜなのか？
女性をほろ酔いの片足体重にする魔法は、どこからくるのか？

「この人、おバカ？　おもしろそうだから、からかってみよう……」

Tさん曰く、そう思わせたら、もう勝ちなのだという。

「壊れかけのおもちゃ（Broken Toy）」になる

役立たずなところをさらけ出し
笑われてみる

「おバカさん？」

女性たちに、そんな疑いを抱かせる。

それがどれだけイジってても、からかってもいいという安心感に変わる。

女性たちは年上オジに対する敬意や気遣いを一切忘れ、ダサい、キモいという感情も消え――。

気が付いたら引きこまれている。

女性側もバカになったふりをして切り返しているうちに、心がほぐれてしまうのだ。

壊れかけたおもちゃだし、尊敬される存在でもない。だから、なんでも言える。

女性との会話に対して、ときにめっぽうやる気がない。

ときに放棄するように、急に会話を止める。

女性は居たたまれなくなり言葉を挟む。気づいたら一生懸命喋っている。こうして、ますますクセになる。

20代後半の女性がこう言った。

「モヒートの作り方を淡々と説明するの。ぜんぜんフツーの話！　子どもでもわかるような話よ。でもそれを特別感があるように話すの。こっちも立派なことを何一つ話す必要はないんだなって……逆に安心した（笑）」

知的な威厳のある中年オヤジに見せようとしてないか？
包容力のある正しい大人になろうとしてないか？
カッコをつけていないか？
――それでは、壁は越えられない。

自分は壊れかけのポンコツの玩具……そう居直り、**役立たずなところをさらけ出し、笑われてみよう**ではないか。

ここで大切なことを一つ。
ただのダサい、小汚いはダメだ。着るものだけはきっちりとする。そこだけは絶対に外してはいけない。服にちゃんと投資をして、髪型を整える。

この仕込みがあってこそ、余裕が生まれ力が抜ける。

夜のEncounterマーケットで、つながりを生むことができるのだ。

信じられないかもしれないが、壊れかけのヴィンテージ玩具になると、女性のほうから接点を求めてくる。

ラインの返事が来ない。週末に誰も誘い出せない。

そんな痛みともお別れだ。

やる気なさげに、ラインを送っても、即レスの返事があり、灼熱の太陽の下、水着で海に飛び込み、楽しい思い出がつくれるのである。

ここで話したことは、こじつけでも、妄想でも、まやかしでもない。すべて、事実の報告である。

「ご立派」は邪魔になる

女性が〝ろくでなし〟を切れない理由とは？

「仕方ないわねえ」「バカねえ」

この言葉の本当の意味がわかるだろうか？

女性は、この言葉を放つとき、目の前の〝ろくでなし〟に対し、少々の軽蔑と微量の怒りと、それらとは裏腹の愛着を抱く。

もちろん、殺したいくらいの怒りを抱えるケースもある。しかし、実は底なしの愛着をこの〝ろくでなし〟に対して抱くケースが多いのだ。

彼らは明らかに「セルフィッシュ」である。女性側も「あんたがそうなら、私だって割り切るわよ！」と〝売り言葉に買い言葉〟を投げる。

ろくでなし「彼女はいらない」

女性「じゃあ、なんで食事に誘うのよ？」

独身ならばなおのこと、なかには真剣な交際状態を期待する人がいる。

それでもろくでなしは食事に誘いつづけ、手をつないだり、恋人のような言動を投げかける。

遊び目的ではない女性は「な・ん・な・の・よ！（オコ）」となる。

「どういうつもり？」「私はそんな軽い女じゃないわよ」

〝ろくでなし〟は、女性と少し距離を置く。

女性は、しだいに怒りを忘れ、再び「あの心地よい時間」が欲しくなる。

彼氏がしばらくいない。あるいはパートナーと倦怠中。

そうなると「何もないよりはいい」「甘い気分を味わったほうがマシ」となる。

〝ろくでなしオジ〟の魅力レベルはまあまあ高い。

モテない男にありがちな、自慢話や承認欲求トーク、間の悪い沈黙埋めトーク、ストーキングメールもまずない。

「バカねっ！」と言い切っても怒らない。

あっけらかんと余裕だらけで、思わず、本能が「楽しい！」と叫んでしまう。

一方、もしも、女性が一線を超えるスイッチをオンにしてしまい、相手からハマってきても、ちゃんと現実を知らせる。

「だって付き合ってないでしょ？」、そう笑顔で言い切る――。

これが愛。

ハッキリさせるからこそ、それ以上揉めない。やがて楽しさの余韻で、女性はまた連絡をしてくる。コミュニケーションは程よい距離感で継続される。

その他にも、「今ムリだわ」「またこっちから連絡するよ」「仕事のマイナスになることはしたくないのよ」と安定的なセルフィッシュぶりを発揮する。

「こんなに気持ちを奪っておいて、今さらそれはズルいんじゃない？」

それが女性の言い分。

だが、〝ろくでなし〟からすれば、「付き合うなんて言ってないのに、勝手に重くなるのは話が違うじゃないか！」と被害を訴える。１００％自分が正しいと思い込んでいるし、聞き分けのない女性とはゆるやかに縁を切ってもいいと思っている。

怒りと軽蔑と愛着をプレゼントする

デタラメ、適当、いいかげん
——男の余裕に必要な
「三つの風通し」

デタラメ、適当、いいかげん――この言葉を聞いて、何を想像するだろうか？

社会不適合、付き合う人間に値しない、魅力もない、関わるべきではない――そんな印象を抱くだろうか。

しかし、そう思い込むのはもったいない。

実はこのテイタラクは**円熟洗練された大人女性が、密かに好む男のスペック**なのだ。


その理由を紐解こう。

洗練された大人女性は、その魅力もあって基本的に異性から引っ張りだこである。また、仕事、趣味に没頭しており、男性との時間以外も忙しい。

たくさんの誘いがあって、ほとんどをスルーするが、中には魅力を感じる男性もいて、そのいくつかに応じる。

ビジネス的な魅力、遊び的な魅力、恋愛的な魅力を感じる男性と過ごしたい――いい女であっても、欲望はほかの人間と変わらない。「多角的艶友関係」のキャッチボールの中で、奇跡の接点、共感部分を見つけ、深く結びついていく――。

これぞ、選ばれし男女の恋愛ペアダンスなのである。

こうなれば、どうしても一人ひとり丁寧に接することなどできない。メールの返信はもちろんのこと、誰に何を話したか？　誰とどこに行ったか？　それも覚えているのは難しいので、男性への接し方が、ラフになっても仕方がない。

そうでもしないと、疲弊してしまう。

大人の男は、このようなモテ女子たちの習性を知っている。返事がないぐらいでは、いちいち一喜一憂しないし、自分以外にも数人、二人で食事に出かけたり、デートをする男性がいて当然と思っている。だから彼女たちにしてみれば、ほかの女性とも食事をしていて、いちいち細かくこちらをケアできない男くらいがちょうどいいのだ。

どちらかが暇で、出会いも少なく、異性関係に枯渇していれば、このバランスは一気に崩れる。それに対していちいち目くじらを立てる男は、彼女たちの眼中にはない。彼女たちは細かくて、ヒステリックな男が嫌いだ。

何でも自分で手に入れる女性、モテてチヤホヤされる女性は、正直、自由奔放に自分本位で生きたいのである。本命ならまだしも、自由な関係ならば、そこにいちいち感情を乱す男は、彼女からしたらノイズでしかない。

デタラメ、適当、いいかげんな男なら、対等に向き合える。

デタラメ、適当、いいかげんは、最大限の包容力なのだ。

もちろん、世の中の大半からは何を言ってるんだ？　と、罵声を浴びせかけられるだろう。

それでも確信犯で、それを貫く。

デタラメ、適当、いいかげんな男――彼らは、彼女たちにとって、とても付き合いやすい男性というわけだ。

DTIは最大の包容力

※DTI＝デタラメ（D）・適当（T）・いいかげん（I）の頭文字

自己成長を楽しみ
冒険を放棄しない

モテオヤジの共通点は「爽妖《そうよう》」。

読んで字のごとく、「さわやかにして妖《あや》しげ」という意味。

さわやかなだけでも、味が薄い。妖しげなだけでも近寄るにはリスクがある。

さわやかにして妖しげ——この対極要素の配合が、恋愛ヒエラルキー上層部の女性の本能を刺激する。

なぜそんなことが言えるのか？

さわやかであるということは、シンプルに健康——つまり「生き方が自分にとって健全である」ということ。

好きで得意なことに没頭できるよう、人生の選択を正しく行っている。

正しくと言ったが、世間一般的に見て正しいとか、常識的とか、エリートであるなどの意味ではない。あくまで、自分にとって正しいという意味である。

ビジネスやプライベートにおいて、自分らしいリズムを刻み、プレッシャーごとも楽しみながら、納得してこなしている。

さわやかなオーラは、物事がすべて気持ちよく回り、脳内にドーパミンが分泌され、躍動的に生きている証しである。

24時間のうちに、イライラ、クヨクヨを抱えている時間が長かったり、自分らしさや達成感を感じる時間が圧倒的に少なかったり、人と楽しく交流する時間が少ない人はこの逆。

あるべき人生ではない状態が、人から「さわやかさ」をはぎ取る。

表情を曇らせ、背筋を曲げ、肌の艶を奪い、目つきを朦朧《もうろう》とさせ、思考を消極的でネガティブにする――動作、物腰から覇気、優雅さ、明るさを奪う。


納得いかない生き方をしているのに、それを放っておく人。

ぐだぐだと悩みを抱え、グチを垂らしたり、誰かを恨みつづけているような人から、このさわやかオーラは出ない。

大人のさわやかオーラは、高校球児や10代の学生から出るような、オーラとは異なる。

社会人として、意味ある苦悩を乗り越え、自分で人生を選び、壁を超えた後に、かもし出されるさわやかさである。

誰かから与えられたものではなく、自分でつかみ取った人生のリズム。
脳内に噴出するドーパミンと達成感。
自分らしいリズムを刻む毎日から、かもし出される。
このままでいいや、とか、諦めの境地とは縁を切る。
つねに自己成長を楽しむ冒険を放棄しないこと。
それによりこのオーラはかもし出されるのだ。

連続的に自分にとって正しい選択をする

「はみ出し」が妖しさをつくる

さて、気になるのは爽妖の「妖」。

「妖」とは何のことなのか？

ひと言で言えば**「常識にとらわれない思考や感覚」**のことだ。

常識の範疇《はんちゅう》をはるかに超えた思考、言動、行動、生き方、オリジナルの芸術性——そこから自然にかもし出される息遣いである。


ここで大切なことを言いたい。


セクシーな妖しさは、すべて「マニュアル外」のところから生まれる。

仕事でも遊びでも、横道にそれた生き方・あり方からしか、この魅力は生まれてこない。非常識を恐れず、奔放に描いたストーリーの中で、異性と時間を紡《つむ》いでいく習性から生まれる。

はみ出した部分があるからこそ、妖しい魅力がかもし出される。

真面目に仕事をして、家でご飯をつくり、礼儀正しく生きているだけでは「妖」をまとうのは難しい。

まずは想像力を鍛えたい。

もしも、今週末、気になる女性と、高層階のバーカウンターで、深夜1時に待ち合わせしたら？　そんな誘いをしてみたらどうなる？

もしも彼女が、遊びきった最後に、タクシーを飛ばして、高層バーに来てくれたら？

1杯だけ飲もうよって誘ってみたらどうなる？

そんな普通じゃない妄想を、年に100回くらいできるかどうかである。

その100回の妄想と実行動が、声色《こわいろ》も、物腰も、しぐさも目つきも表情も変える。


某区役所に勤務のある男は、職場の人間関係に長年悩んでいた。どんどん老け顔になり、声にも覇気がなくなっていった。

もちろん、女性どころではなく、活発でモテていた過去は見る影もない。

あるとき彼は意を決して退職し、自営でPR業を始めた。6か月間売り上げはゼロ。貯金は底をつき、借金は200万円を超えた。

しかし、久々に彼と会ってみて驚いた。

溌剌《はつらつ》として若々しく、声に艶があり、よく笑うのだ。最近出会ったイケ女子たちを連れて現れた。

「やっと食えるようになってきた。このままいくと借金は来年にはなくなるよ」

自分の道を歩き出したことで、本来のオス、野生のオスに戻ったのだ。

アドレナリンをみなぎらせ、本気で狩りをして、エネルギーを使い果たし、熟睡する。人生全部が自分ごとだ。

少し疲れ気味にも見えたが、すでに気の抜けたうつろなボケ顔の彼ではなかった。

自分のリズムでビジネスをしていること。圧倒的な自己流を貫いていること。それが彼を変身させた。


さわやかさと妖しさ、これは自分流を確立した男がまとう空気である。

この二つの要素が合わさったときに、ムリ目女子がハマる空気がかもし出される。

自分ごとで生き
“爽妖”をまとう

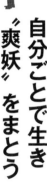

女性は「おちゃめ」に萌える

生まれたばかりの赤ちゃんや、小さな子どもを見ると、つい頭をなでたくなる。子どもはみな、本能的にかわいがられる力を持っている。

実は、モテるオトナオヤジにも共通点がある。

太っていても、ハンサムじゃなくても、それを超えて女性が「かわいい！」と思ってしまう、魅力を持っている。

無意識の無邪気さ、天然さ――つまり「おちゃめ」に女性は萌えるのだ。

「自分は少し根暗だし、女性の前で無邪気に振る舞えない……そんな余裕は持ってない……」

そんな殿方もいるはずだ。

しかし、諦める必要はない。

〝おちゃめさ〟のバージョンアップは、誰だってできるからだ。

ふざけたりボケたり、おっちょこちょいをしたり、天然ボケをしたり、それらを演じるのは難しい。そうではなく、自分が今夢中になってることについて話せばいい。

遊びでも趣味でも、映画でもドラマでもなんでもいい、夢中になっていることを楽しそうに言葉にしてみる。

自然な共感状態をつくり、おちゃめさの片鱗を見せることができるのだ。

もう一つある。男女が仲良くなる場所では、お作法的に仕事の話はしないのが基本だ。ただ、没頭している遊びも趣味もない方は、仕事についてロマンたっぷりに話す。

没頭仕事の中に、必ず感動ポイントがあるはずだ。

どんなにマニアックで地味な仕事でも、必ず感動の瞬間がある。その瞬間を正直に無邪気に語ればいいのだ。

「〝想像を超える部屋になりました！〟って依頼者が喜んでくれたとき、この仕事をやってて、すごくよかったって思う（内装業）」

感動の瞬間を熱く語った瞬間、女性はあなたの横顔に萌える。

くれぐれも自慢ではなく「感動ポイント」について語る。

さて、ここで一つだけ注意したいことがある。

女性がまったく興味を示さないような、自分にしかわからないようなマニアックすぎる長話だけは避けたほうがいい。

できるだけ、女性が共感しやすいようなテーマを選んで話す。

特に仕事の話などは、専門性の高い話題になりがちだ。その場合は、比喩表現をうまくつかう。客観的に何かの比喩をつかって解説すれば、しっかり絵が浮かぶ。

相手目線になって話せるかどうか？

これはとても大切なことだ。

感動ポイントを無邪気に語れ！

外見への投資で
人生のステージも役柄も変わる

服をあと少し良くするだけで、男の余裕は何倍にもふくれ上がる。

たった数万円の話だし、カードローンだってつかえる。


「自分はもともと地味だし、ダサいし……」

だが、**人はダサイと思われてはいけない。ダサいと感じさせることは、相手に無礼なこと。**


相手目線で考えれば答えは明白。

「今、自分はダサい人と会っている」

そんな時間を強制的に押し付けている。


どうでもいいことにお金をつかうのなら、自分の外見に投資をしたい。

人生のステージも、役柄も変わるのだから。


ファッションセンスがあれば、それだけでも一目置かれる。

しかし、「おしゃれの仕方がわかりません!!」「めんどくさい!!」と、おしゃれを嫌がる殿方は多い。

ちょっとした努力でできるのに、おしゃれ努力をなぜしない？　なぜできない？

仕事にかまけて多くの中年以上の男性が、ファッションをなおざりにしている。

ときに私自身もそうなる。

しかし、**仕事を頑張る労力の50分の1は、服選びにかけたい。**


ある男性はコンビニで、40代以上向けのファッション誌を購入した。

その中のお気に入りのコーデを目に焼き付け、巻末のショップリストに足を運んでみた。

店員にコーディネートをお願いした5分後。

試着室の鏡には別人が写っていた。

雑誌の中のイケダンを6・5掛けにした自分がそこにいた（かなり上等！）。

その後男性は音楽の演奏会や、おしゃれ目のスタンディングバーに足を運ぶようになり、性格すら変わっていった。

周囲の異性たちが、イケてる殿方として彼を扱うからだ。

「どうも、デタラメオヤジです」

「何それ？（笑）」

ほんの一か月前までは普通の冴えないおじさんが、そんな余裕の自虐トークで見知らぬ女性と談笑し、時を刻んでいる。

最小限のお金、労力、時間で、最も異性を惹きつける効果が現れるのが「服」だ。

服は行動を変え、精神を変え、人間模様を変え、人生の地図を変えていく。

服が余裕をつくる

裏切られても裏切らない

人はみな、自分の都合で生きている。

会社が潰れそうになったら、会社から社員が逃げ出すのは当然。

結婚だって自分が一番大好きで、一番幸せになれそうな人を選ぶ。

そのために、他の誰かが泣いていても、それを良しとするのが人間の本性。


――大人の男はその法則を忘れない。


目の前の女性が、あなたに愛を叫んだ翌週に、他の誰かと愛を契《ちぎ》っても、心を乱さない。

事象としてそれを把握はするが、必要以上に心を乱したりはしない。

愛を囁き、愛を与えながらも、裏切りを平常心で受け入れる。将来裏切るであろうことも見越して、今この瞬間の愛に満ちた状態を楽しむ。

大人の余裕男は、いつ裏切られてもいいという覚悟でその場を楽しむ。

すべてわかり合えて信頼し合ってると思うと、実際そうではないことがわかったときにショックが大きい。

だから人を信頼しすぎない。もちろん自分だって来週は別の女性に愛をささやく。

さて、だからといって、筋を通さずに人を裏切りつづけるかというと、決してそうではない。

人の裏切りは甘んじて受け入れるが、自分から自分の身を汚すようなことはしない。


例えば親友のステディの女性が、自分を誘惑してきたとする。

しかし、それをきっぱりと断る度量を持っている。

もしも、その女性と艶やかな関係になってしまったとしても、それ以上深入りはしない。


大人の余裕男には〝ろくでなし〟が多い。

しかし、彼らは**男同士のけじめに関しては、武士道精神を持っている。**

男の群れの中で、低いヒエラルキーに追いやられることだけは避けたい。

それ自体が恥だから。

人は皆、自分の都合で生きる。

その前提で一秒一秒を楽しむ。

裏切りも心変わりも自然現象の一部、それで心を傷める方が不毛。

そんな前向きなあきらめを常とし、なるべく人を傷つけない余裕を持ち合わせているのだ。

自分都合同士の偶然の一致に感謝する

3章

求められる男《オス》はここが違う！

華やぎよろめく空気をプレゼントする

大人の男が女性にプレゼントするのは高価なアクセサリーや、話題のレストランの高級ディナーだけではない。

大人の男は女性たちに、心が華やぎ、欲望を放射したくなる「空気感」をプレゼントする。

美女の特権は、口説き文句に酔いしれ、相手の男と戯れることだ。

しかし、**実は受け身だけではつまらない。自分から、恋心や欲望に火がついた状態で自由に泳いでみたい——**。

女は鮫になりたいのだ。

今回、向き合って欲しいのは、恋愛経験的に未熟ではない女性だ。

1対1のオーソな恋愛はもちろん、多角的恋愛まで、女の人生を人の何倍も楽しんでいる女性。

そして本著は同じくらい人生を楽しんできた、大人の男性のための立ち回りの本である。

世の中の表層に漂う、色のない理性的な話をしたいわけではない。

学校でも職場でも、公共の場において建前を嗜《たしな》むことは重要だ。

しかし、人生の達人は、水面下に蠢《うごめ》く裏メニューを愉しむ。

小学校高学年ぐらいから、誰から恋愛を教えられたわけでもなく、人は恋をする。

「不純な異性交遊はダメ！」と言われながら、高校生が親に嘘をついてでも彼とお泊りする。

１０００年前も現在も、万難を排したラブストーリーが水面下で無数に繰り広げられている。

世の中にはたくさんのアウトローなラブソングが生まれ、多くの人がそこに共感を覚える。

大学生だろうと、社会人だろうと、30代だろうと、60代だろうとそれは変わらない。

社会的地位があろうとなかろうと、お金があろうとなかろうと、いかなる階層にも
そのLOVE DESIRE（欲望）は存在するのだ。

女性から過去のシャークアタックの経験を聞き出そう。
壁を破り、欲望の恋鮫になった経験を聞き出すのだ。
その瞬間、女性は一気に華やぎ出す。
次のシャークアタック相手を探し、戦闘的な回遊を始めるはずだ。

女性も鮫になりたい

お金をいくらつかったか？
ではなく
〝何をしてあげたか？〟

世の中には、大勢の勘違いオジたちがいる。

女性にたくさんお金をつかわなければ、恋愛関係になれない——そう思い込んでいる人たちだ。

もちろんお金は、ないよりはあったほうがいい。お金を全然かけないよりは、気前が良い方が好印象だ。

しかしそれだけでは、艶《ツヤ》い関係にはなれない。

艶い関係とは、心通じ合い、一瞬一瞬の気持ちを共鳴し合う関係だ。気持ちを込めたか？　がとても大切になる。

まるで中学生の恋じゃないか？　そう思っただろうか？

お金をかける人はたくさんいる。パパ活のようにお金を与えることを前提にしている関係もある。そうでなくても、食事代を出すなど、多少はオジ力、つまりは金銭を投入することがある。

そういう文脈があるからこそ、逆にお金じゃない部分のプレゼントが生きる。

たとえば、女性が仕事のやり方で悩んでいたら、それを解決するための方法を、一生懸命調べて教えてあげる。

あるいは、うまくいくための人脈を紹介してあげる。

企画書のつくり方がわからなければ、作り方を教えてあげる。

ときどきチェックして、うまくいったところと課題点をフィードバックしてあげる。

男の手料理で、フィンガーフードをドライブのときに持ってくる。

などなど。

これらはすべてお金がかからない。しかし、気持ちを込められる。

「真剣交際している相手ならばまだしも、そうじゃない自由恋愛の相手にそんなことをしたら重いのでは」

もちろん「拘束が強くなって、自由が奪われるんじゃないか？」――と思わせてはいけない。


見返りも求めないし、縛りもしない。

ただ、気持ちがこもった手軽なことを、してあげる。

それらを、軽快に楽しむ。

ただそれだけ。

〝自分が楽しいから！〟

そう割り切り、勝手にgivers happinessを感じつづける。

当然感謝され、喜ばれるのだが、それでも「応援する幸せをくれてありがとう」という気持ちを持つ。

幸福感情の連続反射を楽しむ。

すべてを手にした人間でも、結局はこのエモい調和が欲しいのだ。

応援したくなる幸せに感謝する

女は自分の会話に酔いしれたい

「やっぱりさぁ、人生ってさぁ思うようにうまくいかないときもあると思うの、けど、できるだけ自分らしく生きたいって思うのよね……。

で、さぁ、彼氏の存在が人生の足かせになっちゃいけないと思うの……お互いの人生の応援者になるような人と出会って、親友になって、恋人になって、そこから夫婦になりたいなあ……」


女性が語る、映画の長いセリフのような〝ほろ酔いフレーズ〟。

彼女はお酒に酔っているのではなく、自分のセリフに酔っている。

女は自分のセリフに酔いたい生き物なのだから、これを邪魔しちゃいけない。

言葉の旋律に静かに耳を傾け、彼女が気持ちよく話せるように、脇役としてただその場にたたずむ。

お酒もタイミングよく注文し、彼女がもっともっと、セリフに酔える状態をつくってあげる。

内容が正しい正しくないなんて関係ない。彼女が自分《マイ》ポエムに酔いしれて、語りつづけることのほうが重要なのだ。

女性は語りを聞いてくれた男性と、そのシチュエーションをこよなく愛する。そしてそんな自分を一番愛するのである。

考えてもみて欲しい。


彼女にとってそれは至福の瞬間なのだ。忙しい日々の中、こんなふうに女優のように、自分に酔いしれる舞台など存在しない。

周囲に気を遣い、数字に追われ、日々を忙しく過ごし、眠りにつく。

私たちも女性も同じなのだ。

そんな彼女たちに、自身を好きになれる瞬間をつくってあげるのだ。


オヤジになると、物事を正しいか正しくないかで話をすすめがちだ。

ちまちました否定語を、ぶつけたりもする。

「甘ったれたことを言って！」と、むかついてしまうこともあるだろう。

しかし、ここは演出家になってうまく話を広げ、許容していきたいものだ。

最後まで演じさせてあげよう。
宝物の時間をくれたあなたを彼女はもう手放さない。

長尺セリフに酔いしれる女優に育てる

過去の恋バナを聞け

品行方正な話ばかりでなく、たまには、粋な艶《つや》トークをしたい——。そう思った殿方が勢い余り、ドエロいワードで発言の粗相をし、場が氷点下になることがある。

あるいは、気に入られたいと思うばかりに、どうしても自分が！　自分が！　となってしまい、落ち着かないリズムで、自分の話ばかりをしてしまう人もいる。キャラ薄めの男性であれば、無機質で色気の一つもない、ロボットと話してるような、抑揚のない会話を一時間も二時間もつづけてしまうケースもある。

自分が主に会話の主導権を握り、艶やかな空気をかもし出すには、相当な技量が必要である。そこでオススメなのが、女性に過去の恋愛話をさせるということだ。

一呼吸おいて、ゆったりかまえて、相手の恋愛人生を丸ごと受け止めるつもりで、聞き役にモードにシフトチェンジをする。

「今まで一番好きだった人って、どんな人？」——まずはこの質問から投げかける。

これにより、女性の思考回路は、過去の恋愛シーンへジャンプする。ムリに、艶っぽい空気をつくろうとしなくても、勝手に自分でそのエントランスを開けてくれる。

その女性を、好きになってしまっている場合、話を聞くのが苦しいという人もいる。

しかし、そこはぐっと我慢。包容力を持って聞き、彼女の景色として受け止める。「出会いはどこで？」「どっちから付き合おうって言ったの？」「旅行とか行った？」そんなふうにボールを投げながらも、８割がた女性が話す状態をつくる。無骨なおっさんだろうが、四角四面のカタブツおやじだろうが、やさしく質問をして、あとは「うんうん、なるほど。へー、そうなんだ」と言っていればいい。ゆったりと相槌を打つだけで、艶風が吹く。

女性の過去の恋バナを聞いているときに、男がやらかしてしまうミスがある。その男性のことを、勝手に批評・批判してしまうこと。彼女が批判的共感を求めてきたとき以外、それは絶対にダメ。過去の恋愛の主人公として褒め、称え、ポジティブな言葉しか投げかけてはいけない。別れたとはいえ、彼女にとってはラブストーリーの共演者なのだから。

過去の恋バナで頭の中が恋愛モードになった女性に、その延長で艶トークを投げかける。艶い質問を投げかけると、彼女は持論を展開する。

なんでも話せて、聞いてくれる、共感してくれる。そんなあなたに彼女は心をゆだね、勝手に整う。

「じゃあ、俺とも恋愛ごっこしてみようか、一か月だけ（笑）」

——そのうちそんな、ろくでなしフレーズも、冗談ぽく投げかけることができる。

「それは結構です（笑）」

もしもそうきたら、ガハハハハと笑って、また平然と会話に戻ればいい。再び恋バナセッションに潜るのだ。

なんだかんだいって、彼女はあなたに会いに来る。

「それは結構です」と言いつつも、いつ風向きが変わるとも限らない。

こんなお戯れを通して、男の余裕も磨かれる。多くを望まず、前向きに諦めながらも、まどろみの会話に浸っていこう。

いつか実りの時が来るかもしれない。

サウナ男になれ

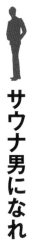

普段から〝ちょいエロ話〟を挟むべき理由

プロローグで紹介した70代のKさん。

Kさんは清潔感のある艶エロ話をチョイチョイ会話に挟み込む。女性が笑い飛ばせる範囲の話題だ。

あるいは女性が自分の艶の嗜好を話したくなるような空気をつくる。

「下心ないって言ったら、キミに失礼じゃない（笑）。あるに決まってんじゃん」

「俺怖いから気をつけたほうがいいよ〜（笑）。突然オスになる可能性がある（笑）」

そんなふうに……。

しかし、そんなことを言っておきながら、まったくモーションをかけずにその日はバイバイする。

女性からすると「本心は一体どこに？」「気まぐれすぎ、よくわからない（笑）」「リップサービス？」「おちょくられてるのかな」と憶測をする。

この時点ですでに、女ゴコロはかき回されている。

ここで大人の余裕がある男は、周囲の人間関係を見渡す。

例えば知り合いのコミュニティで特定の女性と仲良くなったとき。「このコミュニティは誰がキーマンで、誰を信用して女性が来ているのか？」などと考える。

その人の顔をつぶさないように慎重にシナリオを描く。

恋愛事故で気まずくなって、女性が来られなくなるリスクがないかを確認する。

自分のせいで女性が来づらくなるような、ヘタは打ちたくない。

遊び人にとってそれが不名誉であることを知っている。

結婚しているわけではない、特定の交際相手もいない。

そういう殿方にとって自由恋愛は、女性からのニーズさえあれば何も咎《とが》められない。

しかし、仲間の空気を気まずくすることだけは避けたい。

お作法をわきまたうえで、いつでも女性の扉を開く準備は万端なのだ。


そんな余裕のある男が、普段から艶トークをちょいちょい挟み込む理由は、つなぎ目鮮やかにスムーズに、男女のお戯れ関係になるためだ。

艶エロ話は、いざというときに唐突な印象を与えないために効果的なのだ。

突然狼になって、女性を怖がらせるのは痛いし寒い。

ここぞというときに、女性のほうから手を絡めやすくなったり、膝の上に座りやすくなったりする。そのためのものなのだ。**普段のチョイ艶トークが、自然なお戯れタイムへの橋かけになる**ということだ。

ポイントは、下品にならない、べっとりしない、気持ち悪くならないということ。

念のため、こう確認はする。

「こんなトークしてキモくない？（笑）」

「うん、ちょっとイヤかも」

そう言われたらもう一切、艶エロトークはしない。

「全然平気。自然なことでしょ？（笑）」

そういうリアクションならば、そのまますすめる。

最後には女性が勝手に艶エロ話を、したくなるような空気をつくるのである。

チョイ艶トークは、自然なお戯れへの橋かけ

酩酊女性がLINEしたくなる男とは？

「今どこにいるの？　飲もうよ」と深夜1時くらいに、女性から送られてくる酩酊メール。

これが、何を意味するか？

もしも、このようなメールが複数の女性から送られるようになったら、あなたも男の余裕を身につけ始めていると思っていい。

女性の心の奥深くに入り込んでいることの証明だからだ。

表面上の知り合いではなく、心深く根を張り始めていることを意味する。

彼女は本能的にあなたを求めている。

これが恋愛関係なら当然のこと。夫婦関係でもそうだろう。

そうではなく、知人友人あるいは出会ったばかりで、この状態ということは？　あなたは相当な大人男の魔力を、身に付けていることになる。

会話、空気感、沈黙の中から、女性の感情に楔《くさび》を打つ特別な周波を発しているのである。

イケメンだとかお金があるとか、言葉が巧みであるとかは二の次。

女性に心地のよい呼吸を提供しているから、ということに尽きる。

ここで呼吸と言ったが、対人関係において心地いいか、心地がよくないかは呼吸との相関性が多いにある。

心地がいいと感じるときは、自分にとって良い呼吸をしているということ。このような状態を相手に提供したい。相手に心地よくなってもらうにはどうしたらいいのか？

まずは何度も繰り返すが、ゆったりと構えるということだ。刺々《とげとげ》しくなったり、構えたり、神経を尖らせたり、不安を感じている状態から逸脱することが大切である。

相手の呼吸を読む。

相手がどのような呼吸をしているのか、表情などから読みとってみる。

呼吸を透視するようなイメージで、会話のキャッチボールをする。

すると相槌を打つべきか？　意見を言うべきか？　的確なトーンが見えてくる。相手が心地よい呼吸をするにはどうしたらいいのか？　どのように同調したほうがいいのか、どのように刺激を与えたらいいのか？

とにかく呼吸に集中してコミュニケーションをしてみる。話の中味など関係ない。

これは優秀な経営者やビジネスエグゼクティブ、そして営業マンなら誰でも意識するやり方である。

友人の40代の男性に、呼吸読みの達人がいる。

それほどボキャブラリーが多くなく、決して話し上手とは言えない。

彼は、呼吸読みを意識することで、女性からのニーズがどんどん増え始めた。

女性に聞いてみたところ、「いつも受け身の会話で、盛り上がりに欠ける」といった話もあるが、彼にはいつも深夜1時になると、酩酊した美女からＬＩＮＥが入る。

そして午前3時半ぐらいまで、深夜のバーでその美女と腕を絡ませ酩酊トークを楽しむが、その日、彼は都内のシティホテルに彼女を泊まらせ、自分は帰宅する。

翌日は別の女性たちと海に行く約束が入っているからだ。

呼吸を整え、呼吸を読み、リズムを相手に同化させ、ただたたずむだけで、こんな男冥利に尽きるドラマが自動生成されるのだ。

呼吸を透視する

相手に潜る

忙しい日々──今週、何してたっけ？　先週何してたっけ？　去年の今頃何してたっけ？　ふいにそう聞かれて思い出せないことがある。

とかく現代人は忙しすぎて、心を置き去りにしがちだ。

時間を止めて、その瞬間に深く深く潜ることができれば、今、この瞬間を生きていることを、楽しむことができる。

坐禅や瞑想といったことも、近しい目的のためである。

過去を憂う必要はない。未来計画を立てる必要もない。ただ、そこにたたずみ、今この瞬間に潜る。

心を安らかに、相手女性との深い共感と呼吸のシンクロを楽しむ。自分をアピールせず、相手という小宇宙に飛び込み、深く潜り、泳ぐのである。

これにより、一瞬が永遠に変わる。女性は自分という命、人生、存在を、まるごと受け止めてくれる男性との時間に、信仰的な感覚で心を寄せる。

相手を感じることが大事だ。相手の景色を立体的に心と体で受け止める。

だからといって質問攻めにしてはいけない。会話はゆったりゆっくりと。相槌も、そのあとに、ちょっと沈黙ができるぐらいでちょうどいい。言葉をすぐに被せたりしない。

憑依《ひょうい》する――。

相手の中に入り込んで、自分事化して、なぜそう思ったか、どう感じたかを優しく質問する。

「がんばったね」「それはきついね」「安心するよね？」

女性の感情を一つひとつ確かめ、「普通はそのとき、もうやめようって思うよね」などと相槌を打つ。

相手が巡らすであろう思考も言語化する。

これによって何が起こるか？　相手の思考、行動原理がだんだんわかってくる。

相手の心の構造、感情の構造、行動パターンと一体化する。

あなたは相手にとって共感の塊になる。

女性はあなたと話していると、自分自身と話しているような気持ちになり、心地よさしか感じなくなるのだ。

それは男性側にとっても、心地よい時間となる。
すべてが調和し、深い呼吸とリズムの中、調和された時間が流れる。
まるで緩やかに音楽を奏でたり、歌を歌いつづけるかのような時間だ。
仕事中や、煩雑な生活雑務の最中は、この調和感はなかなか感じられない。
深く相手に潜る。感覚を重ね合う。それ以上でもそれ以下でもない。
人生の深みと緩やかな幸福はここから生まれる。

相手の中に憑依する

「できるかもしれない」を
たくさんたくさん並べていく

目の前の女性がもしもこう言ったら、あなたはなんと答えるだろうか?

「人の心の痛みを取る仕事を、一人でやってみたい……」

「なかなか難しいんじゃない? 会社に就職して安定を得たほうがいいよ」と答えるだろうか? それとも、「臨床心理士の資格を取って、そこから考えたほうがいいよ」と答えるだろうか?

あるいは「女性のための結婚とキャリアのお悩みアドバイスを、とりあえずSNSで始めてみたら」とお勧めするだろうか?

いっそ、それらのすべてを提案し、その中から好きなものを選んでもらうだろうか?


人の未来に、絶対ということはありえない。

絶対うまくいかないということもなく、絶対うまくいくということもない。

一つだけ言えること。

それはすべての人が、あらゆる可能性を秘めているということ。

相手の未来に希望を馳《は》せ、本人が幸せかどうかにフォーカスした語りかけができるだろうか?

このときに必要なのが、多くの「できるかもしれない」を提案できるということだ。たくさんの選択肢を提案できればできるほど、女性にとって心地いい存在となる。

その逆にやってはいけないのが、たくさんの「できないかもしれない」の提案。

物事には何でもリスクがつきまとう。そのリスクを口にすることは良い。リスクを言わずにお花畑トークだけしていても始まらない。

しかし、リスクを伝えたいならば、それを解決し得る「できるかもしれない」を提案しなければいけない。

これぞ、余裕のある大人男のお作法である。


「まずは女性がどんな悩みを抱えているのかを、調査してみるといいかもね。キャリアと恋に悩む人は多いかも。SNSで無料相談をやってみるのも手かもしれない。あるいはそういう専門家の肩書きを名乗り、SNSやブログで発信してみるのもいいかも。ウェブメディアの連載をするのもいいかもね。

まずは小さなメディアから連載を獲得して、知名度を上げてフォロワーを増やしていくのはどうかな？」

例えばこんなふうに、「できるかもしれない」をたくさんたくさん並べていく。

このようにアドバイスできるためには、たくさんの知識を得なければならない。あるいはさまざまな職業の人に、実体験を聞かなければならない。あるいは自分でやってみた経験が多いことも必要だ。視野を広げ体験を広げるのだ。

大人の余裕は傾聴力だけでは足らない。

希望ある選択案を用意し、女性に夢を与えることが望まれるのである。

「ただ聞く」だけでは、大人の余裕は生まれない

女性を泳がせる海になる

会話の最中に女性に夢を見せてあげられるか?

男は女性が夢を抱き、自由に泳げる「海」でなければならない。

女性が発した言葉を、笑顔で受け止め、緩くてポジティブな球を打ち返す。

「私、いつかネイリストになって独立したいな……」と女性が言ったら、微笑みながら「素晴らしいね。場所はどのあたりでやりたいの?」と返す。

「でも、お金がかかるわ……」と彼女が憂いだら、

「お金かけずにできる方法がないか、考えてみたらいいんじゃないかな……例えばカフェの一角、間借りコラボとか……」と返す。

右に行ったり、左に行ったり、打ち寄せる波のように未来語りで戯れる。


この手の話をするときは、相性が大切だ。相手の社会経験や行動力に長けた女性をしっかり選ぶ。

受け身すぎたり、社会経験がなかったり、ネガティブだったり、行動力のない女性とは、未来のポジティブトークはしないほうがいい。

自分が悪者になってしまうことがあるからだ。

女性が、先ほどのようにネイリストになりたいと言ったときに、世の中のビジネスのしくみがわかっていなかったり、社会経験などが乏しかったりすると、おかしな主張をしてくることがある。

「このビジネス、何をどうすればいいか考えてよ！　そして出資してよ〜」

まともなビジネスマンならこのフレーズに、イラついて仕方ないだろう。そもそも、ビジネスアイディアは本人が考えるもの。主体性がないし、熱意もない。

「ちゃんと説明してあげればいいじゃないか」と思われるかもしれないが、相手女性が素直に聞いて、行動できるならいい。

しかし、この手の相手の場合、アドバイスしたところで、ストレスが雪だるま式に増える。最悪の場合、逆切れされる。

「私、そんなことできないもん、なんか難しいし……もっと包容力持って導いてよ！」

依存系、憑依系に割く時間はない。秒で避けるべし。

恋愛相談もそうだ。「その男は、きっと君をダマしているから、やめたほうがいいよ」とアドバイスしても聞く耳を持たない。

最終的にダマされていることに気づき、また相談を持ちかけてくる。彼の悪口を言いまくる。堂々巡りだし、「最初にわかってたことだよねえ」と、終わらそうとする。すると、「私が悪いってことなの？」と女性がキレる。実にバカバカしい。

「そうだよ、君が悪い」と言えば、号泣しながら敵意をぶつけてくる。親身になって話を聞いてアドバイスしても、逆ギレされて悪者扱いされるのはムダだ。

女性の思考品質と社会経験をしっかり見極める。

これを間違うと、楽しいはずの時間が台無しになる。

ちゃんと相手を選び、自分自身も心地よい状態を確保したうえで、女性を自由に泳がせる海になるべきだ。

泳がせる相手を選べ

別解を無数に持つ

余裕のある大人男は、人生にいくつもの別解を持つ。


人生の正解は一つではない。

そのことを心の底から信じ、体感もしている。

幸せの形も人それぞれで、いくつものパターンが存在することも知っている。


素敵な男性と結婚していい家に住む。


――それだけが唯一の正解ではなく、女性にとっての別解――その人に合った幸せな生き方のヒントも、プレゼントできる。

なぜそんなことが可能なのか?

大人男は自分で考え、行動し、たくさん失敗し、ときに成功し、達成感を噛み締め、生き長らえている。

ビジネスの手法においても、あらゆることを試し、あらゆる不正解を知っているのだ。

たとえば、婚約者との恋に破れた女性に別解を提案する。

「結婚して子どもが生まれてから、合わないことがわかって別れるよりも、今わかってよかったよね。今ならば自分のやりたいこともやれるし、それを認めてくれる人と結婚すればいいのだと思う」

と提案する。

「結婚が唯一の正解ではないよ。自分らしい生き方をして、その都度恋愛的なパートナーがいる人生。それで幸福度を高く維持する人もいるよ」

と提示するかもしれない。

多くの人生経験を経て、様々な人生を垣間見ているからこその、別解のメニューである。

大人男は別解を創出できる、クリエイティビティがなければいけない。

決まりきった杓子定規な思考ではなく、バラエティに富んだタラレバを人々に提案できないといけないのである。

必要なのは思考回路の多様性

4章

関係はじっくり深める

見えないフェロモン結界で世は動く

収入格差、学歴格差――よく聞く格差だが、もう一つ見逃せない格差がある。

それが**「恋愛格差」**である。

恋は集まる人には集まるが、ない人のところには悲しいくらい集まらない。みな本当は気付いているが、その事実を誰も口にしようとしない。

見えない電波やエネルギーが世に飛び交っているが、フェロモンも同じ。

男女はフェロモンで、無意識に引き寄せ合う。

良質なフェロモンを放つ人は、どんどん異性を引き寄せ、週末を誰と過ごすかを選びきれないほどになる。

同じ会社、同じ仕事、毎日顔を合わせる無数の男女、さらには、アフター8、週末の出会い――この中で、みなが平等に出会いの権利を得ているように見える。

しかし、**世の中は見えないフェロモン結界で区切られている。**

男女の情動は、起こる人には集中して起こり、起こらない人のところにはまったく起こらないのである。


「なぜ、あの人だけ、毎回違う美女を連れてくるのか？」

「なぜ、あのオジサンだけ、話しかけた瞬間に女性のほうから食いつくのか？」

「連絡したら、即レスで〝ご飯行きましょうよ！〟と返事が帰ってくるのか？」

――それはすなわち、すべてフェロモンの仕業なのだ。

これぞホモ・サピエンス、オスの神秘である。


恋愛格差社会で、敗北つづきにならないためのフェロモンは、どうすれば身に付くのだろうか？

まずは、ストレスをなくし、脳内を快の状態にすればするほど、フェロモンが出ると言われている。好きで得意な仕事に従事し、自分らしさを感じながら仕事に没頭することが重要なのだ。

「自分だって、できることならそうしたい。でも、そう簡単にいかない」

それが現実だろう。しかし、理想の状態を手に入れる、アクションを諦めてはいけない。人生をいかに楽しくするか？　これは生涯の課題でもある。諦めずに1ミリ1ミリそこに近づくしかないのだ。

好きで得意な仕事、遊び、活動にのめり込み、自分らしさを感じながら時間を刻むにはどうしたらいいのか？

事実、あなたの周囲で、好きで得意な仕事や遊び、スポーツ、社会活動、ボランティアと向き合い、生き生きと毎日を過ごしている人がいるはずだ。

生き生きと楽しく命のエネルギーを燃やす、心を躍動させる、達成感を味わう。毎日、「ああ！　今日も楽しかったなぁ」と振り返り、眠りに落ちる。

この周波数にいかに近づけるか？

フェロモンを放ち、女性を引き付けるオスになるには、まずはこの頭と体の基本状態をつくり上げることが必要になる。そのうえで出会いなのだ。

内面から生きる喜びを感じる人になってから、女性と出会える場所に行く。

この鉄則を覚えておこう。

「ああ！　今日も楽しかったなぁ」と眠りに落ちる

友情と恋仲の
グレーゾーンを持つ

ある50代の男性がこう言った。

「友達以上、恋人未満なら100人とだってなれるし、そうなったって罪ではない」

誰とも付き合ってはいないし、結婚をするわけでもない。もちろん誰かをダマすわけでもない。異性の友達が複数いて、その延長上に、少しだけ微量な恋心が散りばめられる程度。

つまりは、愛をまんべんなく放射し、ときにまんべんなく受け取っている穏やかな状態と言える。

心が友愛で満たされ、自分とつながった人たちとの一体感を感じている状態……男の余裕は、このような状態からもかもし出される。

これは特別な状態ではなく、あるゾーンの人々においては、何十年も当たり前の状態で継続されているケースもある。

実はこの状態が最も、エネルギーのバランスがいい状態といえる。

誰とも心のつながりがない孤独な状態でもなく、かといって誰かを独占しようと、やきもきしたり、執着心に支配されている状態とも異なる。

誰かに執着され、ストーキングされている状態とも異なる。実にバランスの良い異性とのエンゲージ状態と言える。


ここで大切なことは、誰かのことを、好きになりすぎてはいけないということ。

友達以上恋人未満、アバンチュール手前30メートルぐらいの、緩やかな関係を維持するのだ。

相手から、期待通りの気持ちが寄せられない――もしも相思相愛にならなければ、自分のメンタルのバランスが崩れてしまう。ましてや、相手から強烈なNOを示されれば、精神不安定状態になってしまうかもしれない。

これでは、余裕を失った不健全状態になり本末転倒である。


本著のテーマは余裕のある、安定した心の持ち主になるということ。

だからこそ、**誰かを好きになる気持ちを微量に留め、分散放射したほうがいい。**

愛の均等放射状態が、男の余裕をつくるのだから。

微量の恋愛感情を分散放射する

歴代ヒロイン大集合のありえない世界

元恋人もしくは、友達以上恋人未満の女性たちを一堂に七、八人集めて、パーティーをする50代の男性Hさん。

そこで、女性同士が仲良くなり、横のつながりをつくって、独自に飲み会などを開くまでの関係を築いている。

そして、5年も6年も、中には10年も、交友関係を継続する。


「え？　カルト教団？」

そうではない。

Hさんも女性たちも、お互い納得済みなのである。


女性側も、恋多き女性たちで、多角的な恋愛展開をあっちこっちで楽しんでいる。Hさんにダマされたとは一切思ってないし、自分も「恋愛ごっこを楽しんだ」くらいにしか思っていない。

たとえるなら、一緒に気まぐれにダンスを踊ったぐらいのノリだ。

ときに、Hさんに本気になった女性同士が同じ会場にいて、気まずい空気になるときもある。

しかし、それは実に稀なケース。


なぜ、こんなことが起こるのだろうか？


実はそれほど驚くことでもない。

動物の習性の一つだからだ。


人間ですらも、縄文時代には一夫多妻だけでなく一妻多夫、多夫多妻という状態が存在していた。しかも、パーティーの彼女たちの場合は結婚したわけでも、子どもを産んだわけでもなく、単に友達以上恋人未満、あるいは、それより少し濃密な恋愛関係を楽しんだというだけだ。

Hさんの存在も、彼女たちの選択肢の一つにすぎないのだ。

彼女たち自身、別に友達以上恋人未満、元恋人、恋の予感のする友達など、多数の恋愛予備軍をストックに抱え、七色のライフスタイルを楽しんでいる。

会合に来れば、ほかの若いイケメンとも出会える。彼女たちからしてみれば、そこにはメリットしかないのである。

先のパーティーに参加している女性たちは、決して可哀想な存在ではないということを、ご理解いただけただろうか？

余裕のある大人の恋愛をしたければ、最初からこのような女性をターゲットにするべしということなのだ。

恋愛スクランブルは人類300万年の営み

互いの関係をすぐに定義しない

男女の関係にはさまざまなカテゴリーが存在する。

夫婦関係、夫婦ではないけれどもそれに準ずる男女の関係、恋人関係、友達以上恋人未満、恋の予感がする友達、相思相愛だけど付き合ってない関係、不倫関係、元夫婦、友達、知人、仕事関係などなど——。

誰もが関係性を定義し、安心感を得る。だが、**男の余裕をつくるには、カテゴライズをしないほうがいい。**

「僕らはただの友達なんだから」「仕事仲間だよね」

言葉は諸刃の剣。そうやって早々に定義づけをしてしまうことで、互いの情愛がそれ以上ふくらまないこともある。

「僕たちもう、付き合ってるようなもんなんだから」

「こうやって会ってくれるってことは、彼氏候補だったりするんでしょ」

相手が何とも思ってなかったときは、とても寒い空気が漂ってしまう。冗談として言い切ることができなければ、これは言ってはダメ。

女性は寒イボをむき出しのまま、音信不通の決断をせざるを得ない。

急成長ＩＴ企業で、営業企画プランナーをしている30代前半のＪ子。彼女は50代の男性に、次のような感情を抱いたことがある。

「一緒にいると、せつないような、守ってあげたくなるような、それでいて甘えたくなるような。１秒でも多く一緒の時間を共にして、一緒にバカになって歌ったり踊ったりしたいと思ったり、一緒にいると心地よくて幸せで、この気持ちってなに？ 私は彼氏がいるし、相手もバツイチで彼女がいるらしいけどこの関係、この感情の塊ってなんなの？ 彼は、私たちについて定義しなかった」

つまりこういうこと――。

互いの関係は互いの感情の高鳴り、一緒に描く世界観が決定づける。

余裕のある男は、ここで互いの関係を定義しない。

嫉妬せず、自分もまた交際中の彼女を大事にし、新しい女性ともどんどん出会う。

Ｊ子には、最優先で時間をあけ、かわいいかわいいと、めいっぱいの愛情表現をささげる。完全に恋愛モードの艶時間を共にしながら、心も体も満足し、たくさんの愛を受けたJ子。

しかし彼は、出会って7か月、J子に対して何の定義もしなかった。

そのうちJ子は、自分たちの関係を自問自答するようになった——。

J子が、ハマった瞬間である。

もしここで彼が、「俺たち互いにパートナーがいるけど、内緒で付き合おうよ」と言っていたら？　J子の罪悪感が、その先の展開をストップしたかもしれない。しかし、定着がよかったことで、J子は、思うように、望むように、艶やかな関係を創造できたのだ。

俺たちの関係って？

それは頭の中ですら想像してはいけない。常にCategory Freeがルールなのだ。

関係定義はしない

女性の恋愛生態を正しくイメージする

艶やかな空気で、互いを包み込むのに重要なポイントがある。

それは「女性の恋愛生態を、正しくイメージする」ということだ。

女性はみんな奥ゆかしく、信頼した人としか恋愛はしない。世の中の常識を逸脱した恋はしたくない……。

まずもって、そのような大誤解を解くことである。


女性は男性よりも、恋愛に強い欲求を持っている。もちろん、女性が千人いたら千人の特徴があるから、全員が必ずそうとは言えない。

しかし、本著読者がターゲットとする、女性を思い出していただきたい。恋に愛に、モテることに、そしてスリルに味を占めた女性たちなのだ。

多くの男性に複数同時に、ほのかな恋心を抱くということは、美容にも健康にもいいということを知っている女性たちである。

「心で誰かを思っているだけだったら、彼氏やパートナーにも悪くないわ……」

そう思える女性たちである。

女性は恋愛気分が大好き。

だからアイドルのファンクラブに入るし、好きな俳優に疑似恋をしたりもする。

恋愛気分に浸り、その空気を胸いっぱい吸いこんで恋愛素粒子を巡らせる――それが女性の本能なのだ。


一生を捧げるような、一途な恋であるとは限らない。

互いに恋人がいるのに、恋心を抱きあい、それをカムフラージュしながら、背徳感混じりの恋に潜る――このラブソングは何十年も前にヒットし、多くの女性の共感を誘った。

千年前には、源氏物語の恋愛カオスに多くの女性が心酔した。


きれいごとは氷山の一角。

水面下にこそ本物の恋は蠢き、それが世界の名作、名曲の起点になっている。**女性は自分が主人公の恋の歌を歌いたいし、奔放に自分に酔っていたい**のだ。

つまりは、そんな**女性の本心をどれだけイメージして、会話できるか**である。

頭に描き、イメージしながら話す。

頭の中の映像は、空中を伝導し女性に伝播する。二人を包み込む空気が変わる。

本当の女性の姿を正しくイメージし、自由に泳がせ、一緒に戯れる。それができる男性こそが、余裕のある大人の男性として、女性の「デザイアスイッチ」を押すことができるのだ。

女性の隠れた憧れを どれだけイメージできるか

女性の不良スイッチを押せる男、押せない男

いい女は、いくつもの顔を持ち、それをつかい分ける。

会社では会社の顔になり、つまらないオヤジギャグを言う上司にも笑顔で受け応えする。お客様の前では品行方正に、誠実に、控えめなフリをして接することもできる。

プライベートでも、真面目ふうの人の前では、箱入りで世間知らずな女を演じ切る。

自慢話好きな小金持ちの前では、「すごいですねえ」と笑顔を見せる。

――いい女ほど変幻自在な女優である。

彼女たちは経験豊富な艶男の前では、嘘のベールを思い切り脱ぐ。

奔放に悪ふざけをし、その場を楽しみきる。普段の反動で心を全裸にする。

不良的な奥行きのある男に喰らいつくと、本当の自分をさらけ出し、物腰や会話がどんどんラフになる――。

この不良スイッチをオンにしてくれる男を女性は手放さない。

心の壁を壊し、自由に、奔放にさせてくれる男性を、思い切り飲み干したいのだ。

彼女たちが本当に心を許し、恋愛気分に浸る相手は、不良性に火をつけてくれる、

経験値の高い男性だけである。

一方、夫にするなら、浮気しなくて、扱いやすい小金持ち……と用途を、つかい分ける。夫の前では一生、本当の自分を出さない女性も珍しくない。

化学反応は、似た者同士でしか起こらない。

不良性を開放し、自由に踊らせ、歌わせ、笑わせ、泣かせてあげることができる……そんな大人の余裕を身に付けたい。

男性側にも不良性がなければ、これはなし得ないことであり、過去に、不良体験がなければ、女性とは次第に噛み合わなくなる。女性は不良性のない男の前で、不良になることはできない。

だから男性の中にも、自由で奔放でワイルドな生き様の痕跡がなければいけない。

不良になる――。

いまからグレるのはバカげている。

だから、会社や家や学校が用意した生き方、働き方、遊び方だけでなく、自分オリジナルの世界観を自由に創り上げ、その中で考え、行動し、世界観を描き、人生を綴る時間を増やす。

そして、笑える失敗をたくさんする。

そうすることによって懐の深い男になれる。

だが、間違ってても自分からイキってはダメ。

包み込むように静かに、女性のワイルドな思考を受け止めるのみである。

自分流ではみ出し 文化的不良になる

女は男の変態度を探っている

変態度とは、人間の奥行きのことである。


その奥行きの中で、男と女は強く結びつく。

しかし、人は変態性を隠したがる。相手を不快にさせてしまう可能性もあるからだ。


性癖が見えた瞬間に、吉となる場合もあれば凶となる場合もある。

だから女性は、自分の変態ジャンルと、目の前の男性のそれが合致するかを、慎重に探るのである。

もちろん大人の男としては気を利かせたい。


「ちなみに○○ちゃんは何フェチなの？」


かける言葉はこのひと言でいい。

「フェチ」という言葉から、あらゆる話の展開をつくり出せる。

「腕筋フェチかも！」

そう答えたならば、彼女は筋肉で筋ばったビジュアルが大好きなのだ。

フェチといえば体のパーツのことだが、パーツだけでなく思考や行動まで広げてインタビューをしていく。それによりいろいろな嗜好が発覚する。

「マッサージをされるのも、するのも好き！」

もしそうならば、そういうコミュニケーションをとればいい。


ここで大事なこと。

たとえば女性が「マッサージが好き」と言ったならば、「いや俺もそうなんだよね。俺もむちゃくちゃマッサージフェチ！　マッサージ変態かも」と、かぶせる。

事実でなくてもいい。YouTubeでマッサージを学んで、ある程度のテクニックを身に付ければ良い。

こうやって、フェチトークから相手の好みを引き出し「自分も同じだ」と共感し、話をぐいぐいと掘り下げていく。

変態的レベルまで話を掘り下げ、共感面積を広くするのである。

最初から「君はどんなふうに変態なの？」と聞いた瞬間、女性はシャッターを下ろす。

しかし、フェチという言葉を使うことによって、女性はマニアックな嗜好をどんどん語り出す。

フェチという言葉は、NGギリギリの誘引剤なのだ。

「フェチ」を、つかいこなせ

相手がハマっていることを聞き出す

変態性共感ポイントを広げる打ち手をもう一つ。

趣味のマニアックさを探るということ。

もしも、マニアックな趣味の世界で共感し合えたら、最強のエンゲージメントとなる。

鉄道、格闘技、パワースポット、お寺、お城、野外フェス、断食などなど、女性側がマニアックな趣味を持っているかどうかを知る。

「何かマニアックな趣味とかハマりものないの?」

この質問を投げかけるだけでよい。


ここで間違ってはいけないのが、先に自分がマニアックな趣味を言ってしまうことだ。


たとえば女性が、男性に好意を持っている。

しかし、男性が先に自分がアニメ好きの事実を伝え、アニソンを歌う、家にフィギュアがたくさん飾ってある、アニソンフェスに足しげく通うといったことを、熱弁してしまうケース。

アニメ趣味が悪いということではない。もしも女性がそういう世界が苦手だった場合、この熱弁によって女性は一気に熱を冷ます。

だから**自分から先に言ってはいけない**のだ。**相手がハマっていることを先に聞き出す。**

そして「あ、おもしろそう！　前から興味あったんだ！　今度一緒にやってみよう」とコメントする。深く突っ込まれたらボロが出そうな場合は、

「私、城好きなの」

「へえ〜城いいよね〜」

と肯定だけする。そしてすぐに城を検索する。

一緒に、変態的に城を深掘りする。

もちろん、自分も興味が持てる範疇のことだけに限る。

「俺は車派だし、電車が大嫌い！」――そんなポリシーの人が、乗り鉄の女性の興味

に乗っかる必要はない。

あくまで興味の許容範囲の中で一緒に潜る。

深く深く変態的に潜るその過程において、身も心も自然に結ばれていくのである。

マニアックな趣味で身も心も自然に結ばれる

5章

女性との適度な距離感とは？

手をつないでから
友情を深める

出会ったばかりの女性と意気投合して、自然に手をつなぐ……。

バーカウンターで横並びに座わっているときに、自然に手が触れ、そして絡め合う。

あるいは、酔いどれの街歩きで、なし崩し的に手をつなぐ流れになる。

ここまではよく聞く話。

そして、次のステップを順当に昇る……それもよくある話である。

しかし、余裕男はそれとは異なる順番を踏む。

手つなぎ完了後、そこからあえて男女の友情を深めるのだ。つまり、すぐにフィジカルのステップを上がろうとしない。

過去の恋愛の話、仕事の話、子どもの頃の話、将来の夢など、内面をもっともっと深く知ろうとする。そして、スキンシップゼロのまま解散する。

女性は翻弄される。

「ここ止まり？　それはそれでいいのだけど、私、魅力ないのかな？」

いろんなことを考える。

そうかと思ったら、また手をつなぐ。行ったり来たりで、手をつなぎ合う、友達以上恋人未満の関係が定着する。

余裕男は、このような女友達関係を複数同時並行で、10年も20年も維持する。

そして大事なのは、フィジカルのステップを上がれるのに、あえて上がろうとしないことだ。

お互いにdesireが湧き上がっては消え、消えては湧き上がるものの、それをフルでは放射しない。

このように、通常とは異なる軌道を描く。それが余裕男の習性である。


何かの折に、二人は深い恋愛関係に発展することもある。

たとえば、どちらかがパートナーや恋人と別れたときに急激に接近する。

あるいは、どちらかが非常に魅力的になり、強烈に相手を惹きつけたときも恋になる。そして1〜2年ほどステディ状態になり、別れのときが来る。

その後も女性にずっとずっと優しく、大切に寄り添う。

自分から別れを告げようと、相手からふられようと、友達以上恋人未満・フィジカル関係なしのときのような関係に戻る。

余裕男は、そんなサステナブルな恋をする。

恋と言えるほどのものではないのかもしれない。
友情色7割、恋愛色3割の恋色の友情。
あわいパープルピンク……の関係を楽しむのである。

友情7割 恋愛3割

一年かけて存在を馴染ませる

モテない痛《イタ》オヤジに限って鼻息あらく、余裕のないモーションをかけるクセがある。

難攻不落めな女性たちが集まる、ちょっとした会合を設ける。

するとその中で一番人気、二番人気の女性に、同時に複数のオヤジたちが二人きりの食事会を仕掛ける。

若い頃ならばさもありなん。しかし、オヤジが1人の女性に行列をなすのは、ちょっと痛々しい。

翌週のデート合戦。これが発生することで、彼女はその集団のレベルを知る。

一対一で誘えるだけ、積極的でいいじゃないか！——それは単なる男目線だ。

確かに、リハビリとしてはいいのかもしれない。

しかしモテる女性からすれば、「あの集団はこの程度なのね。相当出会いがないのね！」となる。そのグループの主催者や当時の幹事には、女性から情報がつつぬけ。

幹事も微妙な気持ちになる。

争奪戦になりそうなときこそ、積極的になりすぎず、グループのコミュニケーションでつなぐ。そして、翌週アポではなく、少なくとも一か月あけてゆっくりと二人で会う。

一年間は細く長くつながって、存在を認識してもらうという程度に留める——それくらいの余裕は持ちたい。

余裕のない男は、いつも手当たりしだい乱獲する。

グループ内で気まずい空気をつくる男は、たいていいつも決まっている。

衝動が抑えきれず周囲が見えなくなる、子どもっぽい男だ。

女性に「遊ばれた！」という感覚を植え付けたり、ストーキングまがいに一方的なメールで圧を与えたり。ひっかけやダマし、追いすぎ——どれも余裕のない、子どもじみたコミュニティ・クラッシャーのやり口だ。

そういう男は、男の群れの中で低いヒエラルキーに追いやられる。

さて話を元に戻そう。

本著は、婚活パーティーやお見合いで勝つ本ではない。

寂しい中年男が、本気で彼女探しするのでもない。多数の女性と艶やかに、細く長くつづく関係を楽しむための本だ。

もちろん、その間にツーショットになることもあるし、女性のほうからモーションをかけてくることもある。その結果、早い段階で艶い関係を結ぶこともある。

しかし、それだけでは虚しい。

若い頃散々モーションをかけて、乱獲をした男は、みな虚しい過去を持っている。

みんな消えて、誰もいなくなった——。

だからこそ、**一年間寝かして存在を認識してもらう。友情や仲間意識を育み、友愛の土壌をつくる。**

そんな息の長い、余裕を持ちたいものである。

細く長く関係を楽しむ

女性を明確に誘わない

「もし金曜の夜から日曜の夜まで一緒に弾丸で、韓国行ったらどうなるんだろう？」

まだ出会って間もない、あるいは友達以上恋人未満の女性に語りかけてみる。

この**タラレバトークが、二人の関係の伸びしろを最大限まで、引き伸ばしてくれる。**

付き合ってもない男性と一緒に旅行なんか行かない、という女性もいる。

楽しい相手ならば、あくまでも健全な友達同士として、旅行に行ってもいいという女性もいる。

あるいはビジネスの出張であれば、間違いが起きないという前提で、行ってもいいという人もいるだろう。

とにかく恋人同士や夫婦ではないのだから、ホイホイと旅行に行くわけにはいかない。

しかし、タラレバドークをすることは可能だ。

話す内容は、いたって健全。

どこへ行って、何を食べて、どこのバーで飲んで、あるいはクラブで体を揺らして、あるいはレンタサイクルで街中をクルーズ、朝焼けのビーチをウォーキングしてもいい。

そう、想像の中では何を描こうといいのだ。

弾丸ツアーの試食会。

実際に旅行には行ってないが、頭の中で想像という試食をしたのだ。

こうやって話しているうちに、女性が「別に行ってもいいかな」という気分になることがある。

「なんか楽しそうでワクワクしてきた」

「別に悪くない」

「それに健全な関係だし……」

健全を大前提にしている場合も、そうでない場合も、そんな特別オーダーを受注できることがある。

タラレバトークをつかいこなす

勝手に
スイッチが入る瞬間

大手不動産会社に勤務する50代の男性Tさんは、タラレバトークで、素敵な女性と弾丸ツアーを楽しんだ。


去年は、20代後半の女性と石垣島に弾丸ツアーを決行した。

「知人が観光事業を始めるというので、その応援に行くけど、よかったら一緒に行ってみないかい？」という誘い方をした。

まだ出会って一緒に飲むのは3回目。年齢は20歳以上離れている。

週末にいつものバーで落ち合い、タラレバトークを展開した。


女性は石垣島でやりたいことを、スマホで検索しながら言葉にし始めた。

「天体観測やってみたい。満天の星なんでしょう？」

女性は自分でストーリーを描き始めた。

「私はTさんのビジネスパートナーという立場で行けばいいよね？」

自分の立ち位置まで提案し出した。

このとき、男性はプランを、おもしろくする会話しかしてない。

強めの誘いは一切していないのだ。

「この日なんだけど。もし行けそうだったら言ってね。今週中に返事もらえると！もし君が行けなかったら別の友達誘うから」

付き合うまでいかなくても、なんとなく魅力を感じていた。

ほかの女性に取られるという一抹の嫉妬、散々、あれ、やりたいこれやりたいと話を広げ、期待値がパンパンにふくらんだ状態。そしてそこからの白紙の可能性。

「行きます！」と彼女は早々に返事をしたのだった。

「一緒に行こうよ」は一回しか言わない。

あとは話を広げ、タイムリミットを設ける。

Tさんのゆとりのある物腰が、彼女を石垣島にいざなった。**満天の星の下、彼女は、南の島で恋する自分に浸った。**

彼女はそれ以来、**「週末を楽しく一緒に過ごすのはTさんしかありえない！」とス**

イッチが入ってしまった。

彼と別れると言い出した彼女に、Tさんは別れちゃダメだよと諭した。

そう言われると、女性はますます、Tさんとの時間を大切に大切に楽しむようになる。

「一緒にいて楽しければいいんじゃない？　今君といるときが一番楽しいよ」

Tさんは毎週末、その言葉を彼女に投げかける。

期待値を上げて白紙を匂わす

気持ちは千切りで小出しにする

相手のことを好きになったときに、きっぱりと自分の気持ちを言える男はかっこいい。イタリアメンズ風に、気持ちを情熱的ポエム風に伝えるのも絵になる。

しかし、男らしい告白も、イタリアメンズ風の語りかけも、それ自体が足かせになるケースがある。

例えば、相手が昔からの遊び仲間のメンバーの一人だった場合。

告白して、女性から断られた場合は、そのグループ内で気まずいことになってしまう。その女性が会合に来なくなったり、自分自身が行きづらくなることもある。

あるいは会合で顔を合わせたときに、ぎくしゃくしてしまうことも考えられる。

大人の男の場合、10代、20代のときのように、鈍感なふりして、その仲間関係を泳ぎつづけることは難しい。「いい年して!」といったうわさも付いてまわる。

相手が取引先や協力会社あるいは社内の人だった場合、さらにリスクは高まる。

万が一、告白された女性が男性にちょっとでも、嫌悪感を抱いていようものならば、好意的な言葉はセクハラと化し、明るみになれば社会的立場を失ってしまいかねない。

社内だけではない。協力会社、業務提携先——相手がそれを喜んでくれるような状態ではなく、不快と感じれば、それはセクハラになってしまうのである。

また、仮に街で出会った女性だったとしても、相手にストレスを与えてしまえば、同じこと。

気持ちの告白や、愛の言葉は、あまり強く押しつけないほうがよい。

余裕をまとう大人の男のお作法としては、気持ちは千切りで小出しにするのがよい。


告白はするな。千切りでいこう。


余裕をまとう素敵な殿方は、次のような千切り言葉を巧みに使用する。

「〇〇（相手）みたいな女性とご飯に行くと、メシが何倍もうまくなる。（笑）」

そう言われて嬉しくない女子はいない。

「魅力的だよね、モテるでしょう？」

これは自分も魅力を感じているし、恋愛対象ということを暗に含む表現だ。

微量の好意をなんちゃってトークにまぶす

このように、微量の好意をなんちゃってトークにまぶして、相手に投げかける。

相手の女性があなたに好意を抱いていたならば、必ずスイッチが入り、やがて好意的態度が加速する。脈アリの場合、恋愛低温発火状態をしばらくつづければいい。もちろん脈なしの場合は、女性から何の反応もないし、女性の中で恋愛感情の細胞分裂はまったく起こらない。

女性が少しでも前のめりになったり、向こうから「ご飯行きましょう」と言ってきたり、ＬＩＮＥを送ってこないとするならば、深追いしてはいけない。

みんなで会う相手としてセグメントする。

こういうラインを何本も走らせる。それにより男の余裕はますます磨かれるのだ。

一人に絞るな！

誰かを心の底から好きになってはいけないと書いたが、「そんなのムリだ!」という人もいる。

超弩級のダイヤモンドと出会うことがある。

突き抜けて素晴らしい女性と、突発事故のように出会ってしまうのだ。

独身者ならば本命の恋人やパートナー、もしくは結婚相手として意識するのは当然。

本気で告白したり、交際までもっていきたいと思うのは自然なこと。

しかし、そんな勝負時でも、やはり余裕は身にまとっていたほうがいい。

焦って、執着し、我を忘れれば、言動も思考もバランスが崩れ、本来の魅力を発揮できなくなる。それは、あなたにとっても良くないこと。くれぐれも、そうした事態だけは避けたい。

具体的にどうすればいいのか?

本命級に恋心が芽生えそうな女友達を複数つくる。そして長期間維持する。

一人に絞るな! ということだ。

他にも同じくらい魅力を感じ、惚れ込めそうな対象と複数、友達になり、よく語り合うということ。すると、一番脈アリの女性は誰なのかが、数か月、あるいは一年以内に明確になる。

もしも本命をつくりたいなら、脈アリ、つまりこちらに対して積極的な女性を選ぶ。

いい女は、つねに口説かれ、つねに突発的恋愛要因にさらされている。裏を返せば、多くの男性との関係が根を張る前に、表面上の関係だけで消えてしまう生活をしている。

そこで、複数と長期間仲良くすることで、じっくり時間をかけて関係を熟成できる。難攻不落、ムリ目で引く手あまたな女性と、精神的に根っこまでわかり合える関係になれるのだ。

勝負をかけないからこそ一定期間、関係が途切れずに、深く、安定して根を張れる。気軽に「今電話で話せる?」と、近い距離で関わることもできる。

そしてもう一つ。

付き合っていないからこそ、互いの素の人間性の側面を理解できる。

彼女の「素の人間性」は、本命交際したり結婚したり、ステディになったときのあなたへの態度だ。

根が張った友達関係は、女性からしても貴重。心のよりどころになるがゆえ、安定した状態で恋人関係になれる可能性も高まる。

もしも、本命の恋人同士にならなくても、友達関係はつづく。10年でも20年でも、恋の素粒子を含んだ心の絆を維持し、一体感を感じながら生きつづけられる。

そうした生き方が、大人の余裕を維持することにつながるのだ。

深く根を張る

間合いを間違えない

「間合いを詰める」


格闘技や武道などで、よく聞かれる言葉だ。勝敗は、間合いの詰め方にあるといっても過言ではない。

あらゆる競技において、「自分に優位な間合い」が存在する。

例えば、リーチが短いボクサーは、懐に入り込んで回転数の速いパンチを繰り出すほうが、衝撃の強いパンチを相手に当てることができるので有利である。

一方リーチが長いボクサーは、相手の攻撃が届かない離れた距離から相手にコツコツとパンチを当て、相手が懐に入る前にKOする作戦をとる場合がある。


格闘技だけではない。

間合いは人生におけるあらゆる場面で重要な要因となる。

男女の関係もまた、この「間合い」によってその結末が大きく左右される。

わかりやすいシーンで言えば、動物の例が挙げられる。

もしもオスが鼻息あらく近づくものならば、メスは一目散に逃げ出す。もしくは抵抗したり攻撃をしたりする。

そんなシーンを、一度や二度テレビなどで見たことがあるはずだ。


これは人間に置き換えても同じこと。


鼻息あらく、無骨に強引に女性を自分のものにしようとすれば、女性は一目散に逃げ出す。

あるいは体中に力を入れて身を守り、その男性との接点をなくすことに命がけになるだろう。

もしくは110番されて、犯罪者扱いとなる。


人間の男女の関係においても、距離を詰めるときには相手が安心し、自分の魅力が充分に発揮できる間合いでなければいけない。

間合いを見間違った男は女性から固くガードされるか、もしくは逃げられてしまう。

最も自分の魅力が発揮できる距離感であるべきだ。

男女の関係は「距離感」で勝負がつく

殺気を消せ

以前、群馬県の肉牛牧場にお邪魔する機会があった。

牧場主は牧草地に牛を連れ出したり、牛舎内で移動させたりする。自分の体重の十倍以上の巨体を誘導しなければならない。

牧場主はいとも簡単に、牛の体を押したり、引っ張ったりしながら移動させている。

「コツは何ですか?」それに対し、「殺気を消すことです」と彼は答えた。

「今からお前を何が何でもここから動かすぞ!」と思って近づくと、牛は動かない。

また、怒りをあらわにする場合もある。

しかし心を落ち着かせ、無になり、透明な存在になったつもりで牛を動かそうとすると、スーッと動いてくれる。

心のあり方一つ、感情の状態一つで、見えない周波《バイブス》が放たれる。

男女のシチュエーションにおいても、女性は敏感にその周波を感じ取るように思える。

女性の中には、アグレッシブに強引にエスコートされたいという人もいる。

しかし、それは好みの男性の場合や、気心が知れて安心感や魅力を女性が感じ取っているケースに限るのだ。

女性と会話するときは、平常心を保ち明鏡止水の境地を目指す。そして、鼻息のあらさがないかどうかをチェックしよう。

殺気をすべて消すのだ。

特に女性と手をつないだり、隣に座ったり、ハグをしたりする、そのときこそ、こうした心がけが重要だ。「さあやるぞ」と思ってやると、殺気が出てしまう。

殺気は力みや恐怖、戸惑いの後に出る。

だから、**さりげなく、何かのついでにぐらいの感覚で、間合いを詰める。** わかりやすく言えば、連続動作のついでにやる。

「今日はありがとう。楽しかったよ」と言って、別れの握手をする瞬間、握手のついでにハグすれば、連続動作のついでになり殺気が消える。

殺気を消したくても消せない。深呼吸しても、心が鎮まらないし、ますます構えてしまう――そんなときこそ、連続動作のついでにアクションする。

祭りの人混みの中、はぐれないように……と装って手をつなぐ――。

信号が変わって歩き出す瞬間に手をつなぐ――。

スマホ画面を見せるつもりで横に座る――。


一回できれば、次回からの距離はもっと近くなる。

ただくれぐれもムリは禁物。なんとなくバリアを感じる……そんなときは、ムリはしないに限る。

ムリをした瞬間、殺気が出てしまうし、女性にも嫌悪感を与えてしまうのだから。

連続動作の後に手をつなぐ

トランプしませんか？
——空の上で始まる大人の恋

恋が始まるには、1回のフライトがあれば充分——そのことを証明する男性がいる。

現在60代の男性Cさん。

25歳も年下の女性と交際しているが、なれそめはハワイ帰りの飛行機の中。隣に、綺麗な女性がいるなと気付き、乗った瞬間から話しかけようと決めていた。

Cさんは安定飛行に入ると、当たり障りのない世間話をした後、こう付け加えた。

「トランプでもどうです?(笑)」

断られても、差支えない誘い方だ。

あまりに気合いを入れすぎて、断られると、その後の6時間が気まずくなってしまう。

あくまでも断られることを前提に、話しかける。

「あっ、じゃあ少し……」

バカンス後の解放感もあってか、女性は首を縦に振った。

声を殺してトランプに興ずる二人。ささやき声で言葉を交わす。指と指がぶつかる。

もう恋人の距離。地上に降り立ったとき、二人の恋はもう始まっていた。

空港のレストランで軽い食事を済ませ、近くのホテルのバーに立ち寄った。

一週間後、海ドライブに誘いだし、その翌週もまた会い、二人は交際をスタートした。

飛行機の中で、たまたま隣に座った同士の時が重なり、新しいストーリーが始まった。


ポイントは小道具。


トランプがあったからこそ、二人は恋人の距離で、指と指がぶつかるような状態で何時間も囁き合えた。

トランプのゲームの成り行き上、囁きで受け答えせざるを得なかったのだ。もしもこれがただの会話だったら、途中で途切れてしまったであろう。

あるいはCさんが本気スイッチを入れた瞬間に、女性は警戒心を強め、壁をつくってしまったかもしれない。

しかし、二人とも心に余裕を持ったまま、恋人の距離で親近感を深めていった。

さっきまで他人だった同士が、トランプをひそひそと楽しむ。
特別感と背徳感によって、ありえない速さで距離が縮まっていった。

大人の余裕は時に小道具によってつくられる。
密閉された空間。近い距離。数時間、身動きが取れない状態で、健全にゲームを楽しみ脳内を快楽で満たす。トランプが、その一躍を担い、機内を恋の舞台に変えてくれた。

あなたはどんな小道具をつかうだろうか?
小道具が、偶然の出会いに魔法にかけてくれる。

小道具が他人同士に魔法をかける

相手の恋を応援する

女性の警戒心を最も確実に解く方法は、「相手の恋を応援する」ということ。

「この人は私の応援者」――そう思えば、女性は一気に心を開く。

このとき、相手に対し恋愛感情がすでにある場合は、やせ我慢が必要だ。

その苦行は、男の余裕を身に付けるために、絶対不可欠だ。心を殺すスパーリングである。

彼女が本命の男と相思相愛になったときも、「おめでとう」と言う。

やせ我慢貯金が、後から大きな力となる。

彼女が、パートナーや彼氏とうまくいかなくなったとき、別れたときに、あなたを思い出し、必ず連絡をしてくる。

五人の女性から、そうやって思い出してもらえたら、男冥利に尽きる。

「そんなの、ただのいい人じゃないか!」――そんな罵声が聞こえてきそうだ。

「まるで、男はつらいよの車寅次郎みたいじゃないか!」――確かにそうだ。

寅さん(映画『男はつらいよ』)のすべての作品の中で、誰とも結ばれない。

人生に課題を抱えた女性と出会い、その女性の心のトゲをとってあげるのだが、女性からは、恋愛対象としては見てもらえず、いつも失恋してばかり。

しかし、あれは映画の世界。

もしも現実社会で五十人の美女とあの立ち位置をつくれたなら、少なくとも五人と恋に落ちることができる。いつも応援しつづけてくれて、そばにいてくれる年上男性に、恋心を抱く女性は少なくない。


女性側の心に勝手に火がつくのだ。


心から恋の成就を応援する相手は、十人、二十人といたほうがいい。

すると、長い付き合いの中で「あなたみたいな人が恋人だったらいいのに」と、女性から吐露してくれることもある。

弱り果てた夜に吐き出す、酔いどれのフレーズ。

そんなときに「試しに一か月だけ付き合ってみるか」「恋人ごっこだったら、一か月ぐらい付き合うよ」と、冗談まじりに返す。

「あ、ぜひ。笑。まずは、一か月だけ……」

そう言われたら、軽く手をつなぐ。そして乾杯すればいい。
互いに擬似だとわかっていても、恋人だと思っていい時間が一か月続く。
それだけでも、毎日の景色が変わって見える。
満期後もまた、友達以上恋人未満として、カウンターでイスを並べることができる。
そのまま付き合ってしまってもいいが、ここは余裕を見せて踏みこまない。

さあ、誰の恋を応援する？

一ヶ月限定の「恋人ごっこ」を提案する

6章

切り捨てることを知る

捨てる勇気を持つ

現代人はとかく、「責任感搾取」のターゲットにされがちだ。
責任感で、勝手に尻ぬぐいのドツボにハマる。

一度引き受けた仕事だから、自分でやらないと誰かが困るから、自分が謝れば丸く収まるから、部下の責任は自分の責任だから、長い付き合いだから、家族なので見捨てられないから、どんなときでも前向きじゃなきゃいけないから――自分を縛る魔の呪文だ。

言葉の呪縛に遭い、ストレスを抱えたまま生きる人のなんと多いことか。
納得いくことなのであればよい。
しかし男の余裕を身に付けたければ、思い切って切り離す、誰かに任せる、距離を置く、あるいは受け流すことをお勧めしたい。

心と時間に余白をつくる――余裕を持つオヤジは切り離しの達人である。
それがゆとりとなり、余白に有意義なことを詰め込める。

相手が悪いか、自分が悪いかわからない。

自分に100％責任があるのかどうか不明なまま、勝手に背負っていないか？　あるいは、責任を押し付けられ、たくさんのクレームを浴びていないか？　そんなときに、突き離す勇気があるか？　誰かのせいにできるか？　紋切り型の判断ができるか？

罪悪感と戦いながらも、ほんの少しだけ自分本位になってみる。不良になってみる。無責任になってみる。ときにはそんなことも必要だ。

背負いすぎてストレスをためない、自尊心を下げない——これが大切なのである。

今この瞬間からできることがある。

行きたくない誘いにムリして行かない。

グループ投稿で興味がわかないものには、返信しない。あるいは「いいね」だけにとどめる。

ややこしそうな問い合わせに返事をしない。

そうすることによって、関係が切れたりしても、致命傷にはならない。

「なんでもかんでも」ではなく「大切なことだけ」に集中し、それ以外はしない。

ビジネスでやっている選択と集中を、人生においてもやってみる。

むちゃくちゃ楽しいか、心底落ち着くか、ビジネスに大きくプラスになったりするような場所以外は行かない。関わらない。

心が動かない、成長しないものは捨てる。距離を置く。

そうやって少し冷酷になったとたん、人生の宿便とお別れできる。ゆとりが生まれ、いい顔になってゆく。

責任感搾取状態から脱出する

切り離しの達人になる

大人の余裕男は、実は**「切り離しの達人」**である。

切り離しにより、時間、心、思考に余裕ができる。やらなくてもよいこと、やるべきではないことを、上手に切り離す。

ビジネスや社会活動において、ときに「やらなくてもよいこと」に巻き込まれることがある。場の流れ、そしてチームのフォーメーションにより「自分が割を食う」ときだ。これはビジネスマンなら誰でも経験があるだろう。

例えば、契約内容にのっとってクライアントと仕事を進めていたところ、明らかに相手側の事情で、大幅に遅れたりすることがある。

本来ならクライアントに契約内容にのっとり、要望を伝えるところだが、穏便に事をすすめるために「こちらの説明が悪かったです」「計画にムリがありました」と謝り、本来やるべきではない作業を、まるまる受けてしまう。

その瞬間から、クライアントは「自分には非がない」と甘えに走り、以後、どんどん自分勝手になってプロジェクトを進め、こちらが疲弊してしまう――こんな「割を食う」ことが少なからずある。

そうならないために、容赦なく「相手のせい」を明示し、上手に「突き返す」習慣をつけておきたい。

「お伝えしました通り、これはお客様のほうで、やっていただくことになっていますので」

と、角が立つことを恐れずに言い切る。**「いい人」にならない無骨さがポイント**になる。

実はこれ、最初に「そういう人」だと思われれば後が楽なのだ。揉めることもあるだろう。しかし、そうなっても死ぬわけではない。

これを言うときに「最悪、相手がキレて契約がなくなっても、それはそれ」と腹を据えて居直るくらいの気持ちになれば、すんなりいく。

相手が悪いか、自分が悪いかわからないけれども、自分の職務範囲ではない。でも尻拭いをしてあげようかな……。そこできっぱりと線を引く。かばうのではなく、きちんと穴埋めを本人にしてもらう。

日本人気質の人はこれが難しい。あるいは会社員の場合も難しいかもしれない。しかし、ここで1ミリでもいいから自分本位になれること、不良になれること、放棄できること、無責任と言われることを恐れないこと。

その努力がストレスを追い出し、心に余白をつくる。

「責任を持ってみんなの分も頑張ってくれましたね。ほんとにありがとうございます」

そのひと言を周囲からもらい、達成感を得ることを目指し、自分を犠牲にする。

これを繰り返すと、いつまで経っても余裕のない人生を送ることになる。やらされ感で日々を過ごすことにもなる。

そうなってはいけない。だから、切り離す。

会社や組織のしくみの問題であり、どうしても不当な仕事を切り離せない――そうならば、頃合いを見て「その職場」自体を人生から切り離すべきなのかもしれない。

上手に「突き返す」

艶のある余裕は〝しくみ〟から生まれる

人に任せるしくみを持っていること。これは大人の男として、必須のスペックだ。得意な仕事を一人でこなし、その対価として報酬を得るフリーランスでも、この考え方は必須である。たとえスポーツ選手、音楽アーティスト、作家、建築士であっても、やはり人の力を借りるしくみはあったほうがいい。

また、昨今は、副業でも「任せる」という形態が珍しくない。ネット通販を副業でおこない、梱包や倉庫保管、発送など、すべて代行会社に依頼する人もいる。

「任せるしくみづくり」は投資でもある。これをすればするほど、時間もお金も返ってくる。

もしも、すべてを自分で抱えてしまうとどうなるか？

平日の夜8時以降も、週末もずっと仕事をしなければいけなくなる。

どんな事態が待っているか？　仕事を切り離した、遊びの時間や、休息の時間が減ると言うことだ。

仕事中に出るドーパミンや快楽物質とは異なる、遊び時間に分泌されるドーパミンを減らしてはいけない。仕事で狭くなった視野や五感を覚醒させてくれるのが、このアソビドーパミンなのである。

「たまには遊びに行こうかな！」

とムリして遊びの場所に繰り出すが、なんとなくぎこちない。

肩肘を張った会話をしたり、小難しい口調になってしまったりする。

「正確に話さなければ気がすまない病」が出るオヤジもいる。

それでは場がシラけるばかり。大人の余裕とは程遠く、仕事を脱ぎ捨てられない「可哀想なおじさん」の悲話劇場と化す。


忙しすぎる人は、目の前の仕事への集中をいったんストップしたい。そしてしくみを作る。具体的に仕事を頼む人を探す。

あの人は〇〇ができそう、この人なら〇〇ができそう、この人に頼むなら何を頼むかな？　頼むときにはどんな言い方がいいかな？　報酬はいくらかな？　いつまでにやってもらうかな？

そんな仮説を頭の中で立てる。

目の前の仕事の手が止まってしまい不安になるが、このしくみをつくることで、仕事の効率が断然変わるのだ。

生産性が上がり、利益も増え、豊かな経済的状態と「時間」が手に入る。

結果的に、アソビドーパミンを分泌させられるのだ。


金持ちの社長がみんな落ち着いて余裕があるように見えるのは、このしくみを持っているからだ。しくみをつくるには、人選、教育、支払いが伴うが、余裕が欲しければ、お金としくみに働いてもらうのである。

しくみを持たなければ大人の余裕は枯渇する。

さあ、今宵は白紙とペンを持って部屋にこもり、しくみづくりに勤《いそ》しもう。

人に任せる「しくみ」をつくる

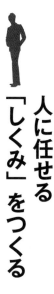

みじめさの絶対量を減らす

みじめな時間は、できるだけ減らしたほうがいい。

みじめな時間が、男の余裕を削りとる。

「仕事中、いつもみじめで……」

そんな人でも、そう簡単に職場を変えたり、上司を変えることはできない。上司からのいびりはなくならないし、顧客からのクレームも消えることはない。

もしそうであっても、諦めてはいけない。

みじめさを感じる時間を、一分でもいいので減らす努力をしてみよう。たとえば、楽しい時間でみじめな時間は帳消しにできる。

友人とバカ話をする。

真剣に打ち込まなければ、ケガをするスポーツも効果的だ。格闘技、サーフィン、登山などもいい。没頭できる対象を見つけるのだ。

登山に関しては、まずは初心者コースだ（難易度の高いコースは、命を落とす危険性が高い）。登山中、心にこびりついたトラウマや痛みなどを感じなくなる。

根が深い場合、すべての苦しみを除去することはできない。しかし、腹の中のモヤモヤ、クヨクヨ、イライラ、不安が半分に減る。それだけでも意味がある。

そのときも、脳内には快楽物質とストレス物質が混在する。

しかし、自宅で一人、みじめさで潰れそうになるよりは何倍もいい。みじめさを切り離す習慣をつくる。すると精神が健全に近づき、色気も余裕も蘇る。


次は、みじめになる仕事を変えたい。


現代は「敗者復活の時代」だ。一つの仕事でうまくいかなくても、転職、独立、副業で新しい高みに登ることができる。居場所を変えれば、心理的安全性を感じられる職場や、仕事仲間との出会いが得られる。

「自分は仕事ができない」

そう、信じ込んでいる人は多い。そういう人はおそらく職場の思考回路に洗脳されている。好きで得意な仕事を選び、お金を稼ぎ、家族を養い、社会に貢献する選択肢を誰もが持っている。しかし、できないと思い込んでいる。

それは男としての余裕も、人生そのものも放棄する生き方だ。

サードプレイスに目を向けて欲しい。

家でも会社でもない第三の場所。そこで自分が好きで得意な仕事にアソビ感覚で没頭する。最強の対象を選ぶ。絶対みじめにならない、そんなアソビジネスを選ぶ。友人の店を手伝う。行きつけのバーで助っ人をする。そんなことからでもいい。出会いがない人向けに、食事会を開いてあげる。好きなこと、自分で決めたことをワクワク楽しみながらやってみる。その瞬間にはみじめさは、入り込む隙はない。みじめさを追い出し、ワクワクの興奮を自身の内面から分泌させる。

こうすることで、みじめさの根源となる本職の仕事からフェードアウトし、転職、独立をする準備体操にもなる。

希望ある未来をつくりながら、男の余裕を増幅することもできる。

アソビジネスを ワクワク楽しむ

行動が運と余裕を連れてくる

休日やアフター8に、仕事で疲れきって、何もする気がなくなるときがある。眠る、あるいは酒を飲むこと以外思いつかない。

そんなときは、ゆっくりするという選択肢もある。余白も人生には必要だ。自分と見つめ合い、心の状態を確認し、どう生きるべきかを考えることも大切である。

だが、自分との向き合いすぎは、実は害になる。

人生が全部「自分事」になる一方で、全部「自分のせい」にもなる。

「今、仕事で結果が出ないのは、自分の努力が足りないからだ、能力が足りないからだ！　そして性格が良くないからだ。いや、見た目が悪いし、それ以前に職業の選択も間違っている。親孝行の一つもしていない。友達にも不義理して冷たいしなぁ……」と、反省と自責のオンパレードになる。

負の感情が、内面で反射しまくり、心の内壁を傷つけつづけるのである。

これが自信喪失、自分の過小評価につながる。

積極的に行動して、やりたい、好き、楽しそうと感じることが重要だ。例えば部屋で酒を飲んでそのまま眠るのではなく、繁華街のスタンディングバーに行って一杯やってから帰って眠る。

それだけで人生の1シーンは大きく変わる。体内のエネルギーやモチベーションも大きく変わる。

魅力的な殿方、きらびやかな女性が視界に飛び込んでくる。脳が刺激され感情が揺さぶられる。

「あのような女性と話をしてみたい」と感じる。

「どうしたら話せるのか？」と、いくつかの対策が沸き上がる。

「腹が出ているから、もっと痩せたほうがいい」「かっこいい服を買ったほうがいい」「もっと遊び慣れたほうがいい」「毎週末ここに来よう」

これらの思考や思いは家で寝ているだけでは発生しない。しかし、街にちょっと足を運ぶだけで、未来への創造作業が自動的にでき、その先にさまざまな行動が繰り広げられ、人とのつながりが生まれていく。この行動の繰り返しが運気を上げる。

運は勝手に降り注ぐものではない。新しいたった一つの行動が発端で生まれる。

家で酒を飲んでいったん寝床に入ってしまってもいい。だが、少しひと休みしたら、23時くらいから1時間だけでも、街のスタンディングバーに足を運んでみてほしい。ハズさないように、なるべくわかりやすく流行っている店に行く。
そこに行くだけで行動が変わり、未来計画が変わり、運気が変わる。その先には新しい自分がいる。新しい自分が、少しずつ少しずつ地層が重なるように形づくられていく。

その結果、新しい運気が転がり込んでくる。

「新しい自分」に会いに行く

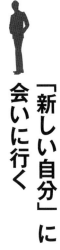

〝自分のご機嫌とり〟が
できているか？

男の余裕をつくるうえで、とても大切なこと……。

それは自分自身の機嫌をとるということ。

つねに自分を上機嫌に保つことで心に余裕が生まれ、色気までかもし出される。自分の機嫌をとりつづける習慣があるとないとでは、発するオーラは大きく違ってくる。


不機嫌。


これは老廃物のようなもので、余裕のない表情や物腰の原因となる。普段から快適に過ごせるように、小さな工夫を積み重ねていきたい。

上機嫌を維持するには、いくつか方法がある。


お勧めしたいのが、**自分自身の「積極的ご機嫌とり」**。

すごく見たかった映画を見に行く。仕事のことを考えずに、体を動かしたり温泉に入ったり、好き勝手に1日を過ごす。瑣末なストレスの原因が一切なくなるよう、流れるように1日を過ごす。

そのためには場所選びに失敗してはいけない。また移動もスムーズな段取りが必要になる。

ある程度行き慣れた、「絶対にハズさない場所」を確保しておく必要がある。積極的な自分のご機嫌とりプランは、シンプルなほうが効果的だ。

一番良くないのが繁華街にマイカーで繰り出し、渋滞にはまり、駐車場が見つからず時間だけが過ぎるイライラパターン。

そして、もっと大切なのが「ストレスのリスク」から離れるということだ。会いに行けば楽しいかもしれない。けれどもちょっとイラっときたり、押し付けがましくて、疲れる友人の誘いに、あえて乗らないという判断。


積極的に出歩いたり、人に会うほうが気晴らしになることはわかっている。しかし、微量なストレスリスクをはらんでいるヒト、モノ、コトを避ける。不快リスクの確率が30％以上あるものには関わらない。

こういったような守りの判断を心がけたい。「何をする」ではなく「何をやらない」から先に取捨選択しよう。

不機嫌リスクから離れる

秘密の隠れ家を持つ

大人の色気男は、「隠れ家＝リトリート」を持っている。

「男の隠れ家」が、男の余裕をかもし出す。

ここでいう男の隠れ家とは、行きつけのバー、大好きな車、ヨット、別荘、書斎などの空間のことである。


海辺に秘密のアトリエを持っている。

都内に遊び用の、小さなワンルームマンションを持っている。

行きつけの店があって、そこで月1回好きな人を集めて食事会を行っている。

あるいは山登りが趣味で友達と週末に集い、楽しい時間を過ごす。


これらはすべて、男の奥行きをつくる隠れ家である。

なぜ隠れ家によって、男の余裕が生まれるのか？

人生に劇場型のストーリーが、生まれるからである。

ビジネスシーンにも奥行きのあるストーリーが生まれることもある。

しかし、ビジネスの多くには顧客が存在する。顧客のための努力が主になると、自分オリジナルの世界観は出しづらくなる。

しかし、プライベート色の強い「男の隠れ家」はそれとは異なる。

自分自身の感性、感覚、デザインポリシー、すべてオリジナルを表現できる。誰かのためではなく、自分のために思考や創造をめぐらすことができる。

自分らしさ100%で、思考の海に潜り、感情を動かし、言葉を発する。


ドラマの主人公として、どれだけエモーショナルに、自由に振る舞えるか？

会社の自分を引きはがし、魅力的で余裕のある自分になれるか？


それを追求する場所だ。


サードプレイスに、自分オリジナルの空間を作っていく。

女性と話すときの奥行きも違ってくる。

「毎月一回、日本酒が好きな連中で集まってるんだ。毎回、語らって……。それぞれSNSに感想をアップして解散する。……あ、今度来てみる？」

このように自分がプロデュースするテーマパークに、誘い込むのもいい。

いつも心に、楽しい奥行きが存在する。これが男の余裕をかもし出す。自分自身が楽しめる、空間を女性と共感し合える。

この二つを満たす、奥行きのある隠れ家をつくろう。

奥行きが余裕をつくる

不毛な会話はバッサリ遮る

時間は人生そのもの、命そのものである。

時間をムダにしない習慣は自分のためだけではない。女性のためでもある。


人生のムダ時間とは何か？


成長がない、楽しくない、マイナスや不快が増える時間である。

ある程度の傾聴力がなければ、大人の男とは言えない。余裕がない男だと思われてしまう。

しかし、目の前の女性があまりにも不毛な会話に終始するのであれば、それを一刀両断、遮ってあげたほうがいい。

遮ったことによって女性が逆ギレして、さらに時間を奪ってくるようなら、明確に遮断する。静かに距離をとる。


長い長い悪口。

世間知らずな、甘ったれマイナス発言。

でも、だって、どうせ……で話の腰を折る——。

誰だって落ち込んで、感情と思考が崩壊することだってある。

でも四六時中、会うたびにそんなことを言う女性では、こちらも疲弊する。

会うとげっそり、ヘトヘト……。

いかに余裕男でも、そういう女性に時間を割くべきではない。

あくまでも生きることを楽しむ範囲にとどめたい。

バッサリと遮断する。

女性のほうも、少々きつい言葉でショックを受けたほうがよい。そうしないと人生がヘッポコなまま、命をムダ遣いすることになる。

不毛な会話をする女性とは距離を置く。その余白を有意義な女性との時間に充当する。


博愛主義になりすぎてはいけない。相手は、厳選しなければならない。

関係休止こそ愛である。

いつかもっと大人になったら、迎え入れればいい。

遮断できる男だけが余裕をまとい、女性と向き合えるのである。

遮断こそ愛

重要なこと以外はやらないと決める

返事を返せなくはないけど、返すのにほんの少しだけストレスを感じる。

そのようなメールは、あえてスルーする。

心配はいらない。世の中は返事を返さない人だらけだ。

返事を返さないことに罪悪感を感じる人は、返さなくていいメールに返事をし続ける。


自分の心よりも、礼儀や常識を優先してしまう。

標準装備に切り替えていい。

興味のないメールはスルーする。忙しいフリをしてスルーする。

「頭数合わせの雑な誘いをしてきて！　全然自分にメリットない！」そう感じたらスルーをする。

その権利があなたにはある。

犯罪でもなんでもない。


できた余白で本当に好きで大切なこと、意味があることをする。重要なこと以外はやらないと決める。

全員に好かれなくてもいい。付き合いが悪いと思われてもいい。そんなふうに居直ってみる。

女性関係においても同様である。

ストレスを持ち込む相手に必要以上に温情をかけない。わざわざ連絡して、いためつける必要はないが、自分からの積極連絡はしない。それでいいのだ。

こと自由な大人の自由な恋愛関係においては、互いが最も相性が良いと感じる同士でつながっていけばいい。

実はあなた自身も「選ばれない」という選択をされている。男と女はお互い様。

上質な快楽や心理的満足感を貪欲に求め、互いに一致したことを優先していく。情けで向き合うのは人生の機会損失でしかない。女性を大切にする。女性をリスペクトする、女性を本当の意味で応援する男性になる。そのためにこそ妥協しない。

サステナブルな関係——友達以上恋人未満の女友達は何人いてもいい。
もちろん本命の恋人や奥さんが欲しいという人もいるだろう。
あるいは離婚直後で、今は自由に遊びたいという人もいるだろう。
自分にとって会いたい女性と、奇跡のパズルを本気で楽しむ。
そのことに妥協してはならない。

複数のベストチョイスを楽しむ

エピローグ

「大人の余裕男」は105度で接する

女性を腰砕けにする「男の余裕」とは何なのか？

本書で、そのすべてを言語化できたとは思っていない。

コウモリ同士が会話する超音波は、周波数が高く、人間の耳では聞くことができないと言われる。

きっと、「大人の余裕男」もこれに似た、視覚、聴覚、嗅覚では察知不可能な、高周波を発している。

ｋＨｚも作用も、謎に包まれ、ただそこに、**「女性を腰砕けにした」**という現象だけが現れる。

◎大都市で繰り広げられるハイバイブレーションなドラマ

一説に、人間にはフェロモンがないと言われている。

しかし、本著で紹介した**〝粋なろくでなしオヤジ達〟は、目に見えない何らかの超周波を発し、**女性に特定の生理的反応を引き起こしている。

それは一部の円熟した男性が使いこなす、フォース的な特殊能力なのかもしれない。

もう一つ。

難攻不落レディたちの〝謎の腰砕け現象〟は、余裕男の発する「媚薬的バイブス」と、大都市に蠢くエネルギーの共鳴増幅による、超常現象といってもいい。

大都会が舞台ではなかったとしたら？

――女性の腰砕け現象は起こらないのかもしれない。

すべては大都市という舞台の上でこそ成り立つ、ハイバイブレーションなドラマ。

多角的恋愛主義のレディたちもまた、大都市文化が生み出した特殊な恋愛表現者である。

◎構え は〝受け〟と〝サバキ〟が基本

一つ言えること——。

それは難攻不落の魅力的な大人女性は、「男の奥行き」を察知する嗅覚に優れている。

「奥行きのある男性」は、女性の心を躍らすカンフル剤を持ち、それでいて、ただの傍観者なだけではなく、一緒に情熱的に艶ダンスを楽しめる。

女性からの、気まぐれな恋愛的戯れを、ほほえましく受け止め、ナチュラルに楽しめる殿方。

そうなるには、女性の本能と生態を感覚的に理解し、静かに受け止めるスタンスが必要だ。

明鏡止水、無の境地で佇み、それでいて、そもそも、女性にあまり期待しない。

女性が情熱の恋のダンスを魅せたら、少し放置したあとに自分も一緒に踊り、心から楽しむ。

構えは、基本的に〝受け〟と〝サバキ〟。

決して前のめりにならない、少し後ろのめりの105度のスタンスなのである。

大人の余裕男の生態研究はまだまだ終わらない。

続きは六本木のバーで――。

潮凪洋介

著者紹介

潮凪洋介（しおなぎ・ようすけ）

著者・作家

著書74冊・累計173万部。「サードプレイス啓蒙」「恋愛文化の発展」をテーマに出版。

著書『もう「いい人」になるのはやめなさい！』（KADOKAWA）は、シリーズ累計21万部突破のベストセラーに。

「心の壁を壊し、生きることを楽しもう」をステートメントに掲げ活動している。

YOSUKE SHIONAGI
OFFiCiAL WEBSiTE

潮凪洋介 TikTok

読むだけで
自分の壁が壊れる
心が自由になる
朝レポ
（毎朝8時メール配信・無料）

「男《おとこ》の余裕《よゆう》」のつくり方《かた》　〈検印省略〉

2023年 12 月 25 日 第 1 刷発行
2025年 1 月 17 日 第 2 刷発行

著　者――潮凪 洋介（しおなぎ・ようすけ）
発行者――田賀井 弘毅
発行所――株式会社あさ出版

〒171-0022 東京都豊島区南池袋 2-9-9 第一池袋ホワイトビル 6F
電　話　03 (3983) 3225 (販売)
　　　　03 (3983) 3227 (編集)
F A X　03 (3983) 3226
U R L　http://www.asa21.com/
E-mail　info@asa21.com

印刷・製本　美研プリンティング(株)

note　http://note.com/asapublishing/
facebook　http://www.facebook.com/asapublishing
X　https://x.com/asapublishing

©Yosuke Shionagi 2023 Printed in Japan
ISBN978-4-86667-652-4 C2034

本書を無断で複写複製（電子化を含む）することは、著作権法上の例外を除き、禁じられています。また、本書を代行業者等の第三者に依頼してスキャンやデジタル化することは、たとえ個人や家庭内の利用であっても一切認められていません。乱丁本・落丁本はお取替え致します。

★ あさ出版好評既刊 ★

「男の色気」のつくり方

潮凪洋介 著

四六判変型　定価1,430円　⑩

★ あさ出版好評既刊 ★

「男の自信」のつくり方

潮凪洋介 著

四六判変型　定価1,430円　⑩